**A Idade Média
e o dinheiro**

Jacques Le Goff

A Idade Média e o dinheiro

Tradução de
Marcos de Castro

6ª edição

Rio de Janeiro
2024

Copyright © Plon-Perrin, 2010
Copyright da tradução © Civilização Brasileira, 2013

Título original
Le Moyen Age et l'Argent

Capa
Sérgio Campante

CIP-BRASIL. CATALOGAÇÃO NA FONTE
SINDICATO NACIONAL DOS EDITORES DE LIVROS, RJ.

Le Goff, Jacques, 1924-
L528i   A Idade Média e o dinheiro: ensaio de antropologia histórica /
6ª ed. Jacques Le Goff; tradução de Marcos de Castro – 6ª ed. –
Rio de Janeiro: Civilização Brasileira, 2024.
272p.: il.; 21cm.

Tradução de: *Le Moyen Age et l'Argent*
Inclui bibliografia e índice
ISBN 978-85-200-1171-3

1. Idade Média – Historiografia. 2. Civilização medieval.
3. Europa – História – 476-1942. I. Título.

Todos os direitos reservados. Proibida a reprodução,
armazenamento ou transmissão de partes deste livro, através de
quaisquer meios, sem prévia autorização por escrito.

Texto revisado segundo o novo Acordo Ortográfico da Língua Portuguesa.

Direitos desta edição adquiridos pela EDITORA CIVILIZAÇÃO
BRASILEIRA
um selo EDITORA JOSÉ OLYMPIO LTDA.
Rua Argentina, 171 – 20921-380 – Rio de Janeiro, RJ – Tel.: (21) 2585-2000

Seja um leitor preferencial Record.
Cadastre-se no site www.record.com.br
e receba informações sobre nossos
lançamentos e nossas promoções.

Atendimento e venda direta ao leitor:
sac@record.com.br

Impresso no Brasil
2024

Sumário

Agradecimentos 7
Introdução 9

1. A herança do Império Romano e da cristianização 17
2. De Carlos Magno à feudalidade 23
3. O impulso da moeda e do dinheiro na virada do século XII para o século XIII 31
4. O próspero século XIII do dinheiro 41
5. Trocas, dinheiro, moeda na revolução comercial do século XIII 63
6. O dinheiro e os Estados nascentes 89
7. Empréstimo, endividamento, usura 107
8. Riqueza e pobreza novas 129
9. Do século XIII ao século XIV, o dinheiro em crise 143
10. O aperfeiçoamento do sistema financeiro no fim da Idade Média 163
11. Cidades, Estados e dinheiro no fim da Idade Média 177
12. Preços, salários e moeda nos séculos XIV e XV 195
    Anexo: Existiu na Idade Média um mercado da terra? 213
13. As ordens mendicantes e o dinheiro 219
14. Humanismo, mecenato e dinheiro 231
15. Capitalismo ou *caritas*? 243

Conclusão 253
Bibliografia 257
Índice onomástico 265

Agradecimentos

Ao publicar este ensaio, devo inicialmente expressar meu reconhecimento a duas pessoas às quais ele deve muito. Em primeiro lugar, a Laurent Theis. Ele próprio excelente historiador, pediu-me, propondo-me o tema, que escrevesse a obra que se vai ler. Não apenas teve essa iniciativa, mas não deixou de me apoiar à medida que a redação ia nascendo, e ele mesmo enriqueceu este livrinho, estabelecendo-lhe a bibliografia, ao reler atentamente meu texto e melhorá-lo. A segunda pessoa a quem este ensaio muito deve é minha secretária e amiga Christine Bonnefoy, que, mais do que uma técnica de alta competência, é uma verdadeira interlocutora no momento do ditado da obra. A seu conhecimento técnico acrescente-se uma inteligência cúmplice, levando-me a ponderar o que devia ser alterado ou melhorado.

Além desses dois colaboradores excepcionais, devo agradecer aos colegas e amigos que me ajudaram sobretudo permitindo que eu consultasse manuscritos de trabalhos importantes para o meu assunto e ainda inéditos. Citarei três, aos quais devo mais nessa questão: Nicole Bériou, Jérome Baschet e Julien Demade. Agradeço igualmente a Jean-Yves Grenier, ao qual apresentei meu projeto e que me fez judiciosas observações.

Realizando este ensaio dei corpo a ideias pelas quais já me interessara em meus primeiros trabalhos publicados. Este fecha, portanto, de alguma forma, minha reflexão em um domínio que creio importante para a compreensão do período medieval, principalmente porque o ponto de vista e as práticas dos homens e das mulheres dessa época eram muito diferentes dos nossos. É bem outra Idade Média que encontrei de novo.

Introdução

O dinheiro[1] que estará em causa aqui não foi tratado por uma única palavra na Idade Média, quer se tratasse do latim ou das línguas vernáculas. O dinheiro no sentido em que o entendemos hoje e que dá seu título a este ensaio é um produto da modernidade. Dizer isto é anunciar desde já que o dinheiro não é personagem de primeiro plano na época medieval, nem do ponto de vista econômico, nem do ponto de vista político, nem do ponto de vista psicológico e ético. As palavras que no francês medieval se aproximam mais do dinheiro no sentido atual são: "moeda", "denário", "pecúnia".[2] As realidades que designaríamos hoje por esse termo "dinheiro" não são essencialmente aquilo que faria a riqueza. Se um medievalista japonês pôde sustentar que o rico nasceu na Idade Média, coisa que não se pode afirmar com segurança, esse rico, seja como for, o é mais em terras, em homens e em poder do que em dinheiro monetizado.

---

[1] A palavra "dinheiro" é empregada, ao longo deste ensaio, seja no seu sentido atual, que na Idade Média corresponde ao valor das moedas, as metálicas ou de referência, seja, é claro, para designar o próprio metal precioso. [Esta nota vale apenas para o texto original, pois em francês acontece ser o mesmo termo *argent* a designar uma coisa e outra, o que, já se vê, não se dá em português, língua em que temos "dinheiro" e "prata". De todo modo resolvi manter a nota, a fim de não mutilar em nada o texto primitivo. (*N. do T.*)]
[2] Em latim mais frequentemente *pecunia* ou *denarii*.

A Idade Média, quando se trata de dinheiro, representa na longa duração da história uma fase de regressão. O dinheiro, nela, é menos importante, está menos presente do que no Império Romano, e sobretudo muito menos importante do que viria a ser a partir do século XVI, e particularmente do XVIII. Se o dinheiro é uma realidade com a qual a sociedade medieval deve contar mais e mais e que começa a ter aspectos que assumirá na época moderna, os homens da Idade Média, sem exclusão dos comerciantes, dos clérigos e dos teólogos, jamais tiveram uma concepção clara e unificada do sentido que damos hoje a esse termo.

Dois temas principais serão abordados neste ensaio. Por um lado, qual foi o tipo de moeda, ou antes de moedas, na economia, na vida e na mentalidade medievais; por outro lado, nessa sociedade dominada pela religião, como o cristianismo considerou e ensinou a atitude que deve adotar o cristão ante o dinheiro e que uso dele deve fazer. Quanto ao primeiro ponto, parece-me que a moeda não deixou na Idade Média de ser rara e sobretudo muito fragmentada e diversa, e essa fragmentação foi uma das causas de sua dificuldade para decolar do ponto de vista econômico. Em segundo lugar, vê-se que a busca e a prática do dinheiro, quer se trate dos indivíduos ou dos Estados, pouco a pouco vão sendo justificadas e legitimadas, apesar das condições exigidas para essa justificação pela instituição que as inspira e as dirige, a Igreja.

Ainda é preciso sublinhar, com Albert Rigaudière,[3] a dificuldade de definir o dinheiro tal como habitualmente o

---

[3] A. Rigaudière em *L'Argent au Moyen Âge* [*O dinheiro na Idade Média*], colóquio de 1997, Publications de la Sorbonne, 1998, p. 327.

INTRODUÇÃO

entendemos e tal como foi estudado neste ensaio: "A quem quer dar-lhe uma definição, ela lhe foge sempre. A um tempo realidade e ficção, substância e função, objeto e meio de conquista, valor de refúgio e de exclusão, motor e finalidade das relações entre os indivíduos, o dinheiro não se deixa fechar em um todo, assim como não se pode reduzi-lo a um único de seus componentes." Esforçar-me-ei aqui para levar em conta essa multiplicidade de sentidos e para tornar claro ao leitor em que acepção é tomado o dinheiro a cada momento deste ensaio.

Estudar o lugar do dinheiro na Idade Média leva a distinguir pelo menos dois grandes períodos. Inicialmente uma primeira Idade Média, digamos de Constantino a São Francisco de Assis, quer dizer, do século IV mais ou menos até o fim do século XII, quando o dinheiro recua, a moeda conhece um recesso, para depois começar um lento retorno. A distinção social predominante opõe então *potentes* e *humiles*,* quer dizer, poderosos e fracos. Em seguida, do início do século XIII até o fim do século XV, é a dupla *dives* e *pauper*,** ou seja, ricos e pobres, que se impõe. De fato, a renovação econômica e o desenvolvimento urbano, o fortalecimento do poder real e a pregação da Igreja, e sobretudo das ordens mendicantes, permitem ao dinheiro assumir um novo impulso, entretanto ainda sem atingir, parece-me, o limiar do capitalismo. É nesse momento que se desenvolve a pobreza voluntária, e a pobreza de Jesus assume importância maior.

---
*Em latim no original, exceto a conjunção, claro. (*N. do T.*)
**Da mesma forma, em latim no original.

É importante, acredito, assinalar desde já dois aspectos da história da moeda medieval. O primeiro deles é que, ao lado das moedas reais, houve na Idade Média moedas de cálculo que levaram a sociedade medieval, pelo menos em certos meios, a uma destreza no domínio da contabilidade que não tinha nas práticas econômicas. Em 1202, Leonardo Fibonacci, de Pisa, filho de um oficial na África do Norte da alfândega da República de Pisa, escreve em latim um *Tratado do ábaco* (tabuinha de calcular da Antiguidade, transformada no século X em um quadro cujas colunas utilizavam algarismos arábicos) no qual introduz em particular essa conquista essencial para a contabilidade que é o zero. Esses progressos, que não cessarão no curso da Idade Média ocidental, culminarão com a redação em 1494 pelo irmão Luca Pacioli da *Summa de arithmetica*, verdadeira enciclopédia aritmética e matemática destinada aos comerciantes. Ao mesmo tempo aparece em Nuremberg, na Alemanha do Sul, um *Método de cálculo*.

Depois, o uso do dinheiro ligando-se sempre a regras religiosas e éticas, convém apresentar desde já os textos sobre os quais a Igreja se apoiou para julgar e em caso de necessidade corrigir ou condenar os utilizadores do dinheiro. Todos esses textos estão na Bíblia, mas os que tiveram particular eficiência no Ocidente medieval provêm mais do Evangelho do que do Antigo Testamento, com exceção de uma frase que teve grande repercussão tanto entre os judeus como entre os cristãos. Trata-se do versículo 31, 5 do Livro do Eclesiástico (o Sirácide), que declara: "Aquele que ama o dinheiro dificilmente escapa do pecado." Ver-se-á mais adiante como os judeus, apesar de sua opinião, foram levados a negligenciar aqui e ali o que essa frase afirma e como o cristianismo medieval, evoluindo, encarou o dinheiro com

INTRODUÇÃO

maior ou menor rigidez, sem fazer desaparecer o pessimismo fundamental que a frase contém. Os textos do Novo Testamento que mais pesaram quanto à atitude a respeito do dinheiro são os seguintes:

1) Mateus, 6, 24: "Ninguém pode servir a dois senhores: ou odiará um e amará o outro, ou ligar-se-á a um e desprezará o outro. Não se pode servir a Deus e a Mamon" (Mamon designa no judaísmo tardio a riqueza iníqua, particularmente sob forma monetária).
2) Mateus 19, 23-24: "Jesus disse então a seus discípulos: Em verdade vos digo, será difícil a um rico entrar no reino dos céus. Sim, eu vos repito, é mais fácil um camelo passar pelo buraco de uma agulha do que um rico entrar no reino dos céus." Esses mesmos textos estão no Evangelho de Marcos (10, 23-25) e no de Lucas (18, 24-25).
3) Um texto de Lucas (12, 13-22) condena o entesouramento e em particular no versículo 15 desse trecho: "Mesmo em meio à abundância a vida de um homem não está garantida por seus bens." Mais adiante em Lucas (12, 33), Jesus diz aos ricos "vendei seus bens e dai-os como esmola." Por fim, Lucas (16, 19-31) conta a história sempre evocada na Idade Média do mau rico e do pobre Lázaro. O primeiro vai para o inferno enquanto que o outro é acolhido no paraíso.

Pressente-se a repercussão que esses textos puderam ter na Idade Média. Expressa-se aqui o que será essencial durante toda a Idade Média, ainda que interpretações novas enfraquecessem o rigor do que foi dito, assim como o contexto econômico e religioso do uso do dinheiro: a condenação da avareza, pecado capital, o elogio da caridade (generosidade) e, afinal, na perspectiva da salvação, essencial para os homens e mulheres da Idade Média, a exaltação dos pobres e a apresentação da pobreza como um ideal encarnado por Jesus.

Gostaria agora de esclarecer pelos testemunhos da iconografia a história do dinheiro na Idade Média que se vai ler. As imagens medievais, onde o dinheiro aparece de maneira frequentemente simbólica, são sempre pejorativas e tendem a impressionar aquele que as vê levando-o a temer o dinheiro. A primeira imagem é um episódio particularmente tocante da história de Jesus, a representação de Judas recebendo os trinta dinheiros pelos quais vendeu seu mestre aos que iam crucificá-lo. Por exemplo, em um célebre manuscrito com numerosas imagens do século XII, o *Hortus deliciarum* (Jardim das Delícias), uma página representa Judas recebendo o dinheiro de sua traição com o seguinte comentário: "Judas é o pior dos comerciantes que encarna os usurários expulsos do Templo por Jesus porque põem suas esperanças na riqueza e querem que o dinheiro triunfe, reine, domine, o que é um plágio dos louvores celebrando o reinado de Cristo sobre a terra."

O principal símbolo iconográfico do dinheiro na Idade Média é uma bolsa no pescoço de um rico que a leva consigo ao inferno. Essa bolsa fatal, cheia de dinheiro, está representada em esculturas bem visíveis em tímpanos e capitéis de igrejas. Também aparece de modo evidente no *Inferno* da *Divina Comédia* de Dante:

Assim, indo mais longe, à extremidade
desse sétimo círculo, sozinho,
eu fui — e é lá que estão as gentes tristes.
Ainda que fixasse meus olhos no rosto de alguns daqueles

INTRODUÇÃO

*sobre os quais cai o fogo da dor
não reconheci nenhum deles, mas percebi
que todos traziam, pendurada no pescoço, uma bolsa
de determinada cor e marcada por um sinal diferente,
e dos quais os olhos parecem gulosos.
E como eu avançasse entre eles, observando,
vi, sobre uma bolsa amarela, o azul
que de um leão tinha a figura e a atitude.
Depois, prosseguindo o passeio de meu olhar,
vi outra coisa, vermelha como o sangue,
que mostrava um ganso mais branco que a manteiga.
E um, que de uma porca azul, e prenhe de seus bacorinhos,
tinha marcado um saquinho branco,
me disse: "Que faz você aqui, você nesta fossa?
Vá-se embora agora; mas uma vez que você ainda é um vivente,
saiba que meu vizinho Vitaliano
sentará aqui à minha esquerda.
Entre esses florentinos, eu sou paduano,
frequentes vezes eles me encheram os ouvidos,
gritando: venha o cavaleiro soberano
que trará a bolsa de três bicos!"
Quanto a isso, ele torceu a boca e puxou a língua para fora
como um boi que lambe o focinho.
E eu, temendo que, se ficasse até mais tarde, entristecesse
a quem me tinha recomendado que não demorasse,
deixei essas almas quebrantadas e afastei-me em minha
caminhada.*[4]

---

[4]Esse texto está no canto XVII, versículos 43-78. Citei-o em meu livro *La Bourse et la vie, economie et religion au Moyen Âge*, Paris, Hachette, 1986 [há tradução brasileira, *A bolsa e a vida*, Rio, Civilização Brasileira, 2007], pp. 104-105, utilizando a edição *La divine comédie* das Librairies associés, Paris, 1965, com a tradução [para o francês] de I. Espinasse-Mongenet. Hoje utilizar-se-á de preferência a edição bilíngue de Jacqueline Bisset, *L'Enfer de la divine comédie*, Paris, Flammarion, 1985.

1. A herança do Império Romano e da cristianização

O Império Romano lega ao cristianismo um uso limitado mas importante do dinheiro, que não cessa de se enfraquecer do século IV ao século VII. Numa tese célebre mas contestada, o grande historiador belga Henri Pirenne (1862-1935) sustentou que a aparição do Islam no século VIII e sua conquista da África do Norte e depois da Espanha puseram fim ao comércio mediterrâneo e às trocas econômicas entre o Ocidente e o Oriente. Sem esposar os excessos da tese oposta, a de Maurice Lombard (morto em 1964), que viu ao contrário na conquista muçulmana um incentivo a uma renovação do comércio ocidental, é preciso reconhecer que as trocas entre Ocidente e Oriente nunca cessaram completamente: o Oriente bizantino, e sobretudo islâmico, forneceu um resto de pagamento em ouro em troca de matérias-primas (madeira, ferro, escravos) que continuava a lhe entregar o Ocidente cristianizado e barbarizado. O fato é que só o grande comércio com o Oriente manterá no Ocidente uma certa circulação em ouro sob a forma de moeda bizantina (o nomisma, dito *besant** no Ocidente) e muçulmana (dinário de ouro e dirhem de prata). Essas moedas enriquecerão de modo limitado os governos ocidentais (imperadores até o fim do Império no Ocidente, chefes "bárbaros" tornados reis cristãos e grandes proprietários).

O declínio das cidades e do grande comércio fragmenta um Ocidente em que o poder é exercido sobretudo pelos proprietários de grandes domínios (*villae*) e a Igreja. Mas a riqueza desses novos poderosos funda-se essencialmente em terras e em homens que vieram a se tornar servos, ou ainda em camponeses de reduzida independência. Os serviços desses camponeses são sobretudo a obrigação de corveia, espécie de imposto em produtos agrícolas. Mas também uma pequena parte é paga em numerário, esta através de mercados locais pouco desenvolvidos. A Igreja, e especialmente os mosteiros, por intermédio do dízimo, uma parte do qual entra em dinheiro, e da exploração de seus domínios, entesoura a maior parte desses rendimentos monetários. As moedas e o metal precioso que guardam, os lingotes de ouro e de prata são transformados em objetos de ourivesaria que, fechados nos tesouros das igrejas e dos mosteiros, constituem uma reserva monetária. Quando a necessidade se faz sentir, esses objetos são fundidos para a fabricação de moeda. Essa prática, que de resto se estenderá para fora da Igreja

---

*Segundo o Robert (edição 1976), *besant* (forma francesa), que se enraíza no latim *byzantium*, é uma moeda bizantina tanto de ouro como de prata, cuja expansão se deu no tempo das Cruzadas. Já para o *Petit Larousse illustré* (2005) é apenas uma moeda de ouro do Império Bizantino. (*N. do T.*)

aos grandes senhores e até mesmo aos reis, atesta a relativa fraqueza das necessidades dos homens da Idade Média em matéria de moeda. Observemos, quanto a isso, que, como bem notou Marc Bloch, essa prática também prova que o Ocidente da alta Idade Média não dá valor ao trabalho do ourives e à beleza dos objetos que ele fabrica. A penúria da moeda é então uma das fraquezas características da alta Idade Média no domínio econômico, a um tempo como meio de riqueza e de poder. O próprio Marc Bloch, em sua notável obra *Esquisse d'une histoire monétaire de l'Europe* (*Esboço de uma história monetária da Europa*), publicada em 1954, dez anos depois de sua morte, sublinha com efeito que os fenômenos monetários dominam a vida econômica. São simultaneamente um sintoma e um efeito.

A fabricação e a utilização da moeda durante esse período sofrem uma ampla fragmentação. Não possuímos ainda, se é que isso seja possível, um estudo detalhado de todos os lugares e de todas as áreas de cunhagem de moeda.

Os homens da alta Idade Média, que em proporção cada vez menos numerosa se serviam de dinheiro, quer dizer, de moeda, começaram por guardá-la depois de imitar os usos monetários dos romanos. As peças eram fabricadas com a efígie do imperador, a moeda de mais baixo valor em ouro continuou a ser a principal moeda de troca, mas, para se adaptar à diminuição da produção, do consumo e do comércio, cedo a principal moeda de ouro em circulação tornou-se o *tércio*, ou seja, uma terça parte da moeda de ouro de menor valor. Essa persistência do emprego, ainda que reduzido, da moeda romana antiga explica-se por várias razões. Os bárbaros, antes de sua entrada no mundo romano e da constituição de Estados cristãos, não cunhavam moedas. A única exceção eram os gauleses. A moeda foi, durante certo tempo, um dos raros instrumentos de preservação de uma unidade porque circulava em todos os territórios originários do Império Romano.

Afinal, o enfraquecimento econômico não suscitava pretexto que conduzisse a criações monetárias. Os chefes bárbaros que monopolizaram pouco a pouco os poderes dos imperadores romanos põem fim a partir do século V — em datas diferentes segundo os povos e os novos Estados — ao monopólio estatal do imperador. Entre os visigodos, foi Leovigildo (573-586) o primeiro a ousar emitir tércios trazendo no anverso sua titulatura e sua efígie; essa cunhagem continuou até a conquista árabe no início do século VIII. Na Itália, Teodorico e seus sucessores ostrogodos mantiveram a tradição romana, e os lombardos, libertando-se do modelo constantiniano, só cunharam moeda sob o nome de seu rei a partir de Rotário (636-652) e depois Liutprando (712-744), em formato de uma pequena moeda de ouro de peso reduzido. Na Grã-Bretanha, depois de se acabar com a cunhagem de moedas no meado do século V, só no fim do século VI e início do VII é que os anglo-saxões emitiram no condado de Kent moedas de ouro copiadas de peças romanas. Pelo meado do século VII, a moeda de ouro foi substituída por moedas de prata, as *sceattas*. A partir do fim do século VII, os reis dos diferentes pequenos reinos bretões esforçaram-se para restabelecer em seu favor o monopólio real, o que foi feito mais ou menos rapidamente e mais ou menos dificilmente na Nortúmbria, em Mércia, em Wessex. É preciso assinalar, uma vez que o nome dessas moedas terá um longo e brilhante futuro, a aparição em Mércia, no tempo do rei Ofa (796-799), de um novo tipo de moeda, o *penny*.

A HERANÇA DO IMPÉRIO ROMANO E DA CRISTIANIZAÇÃO

Na Gália, os filhos de Clóvis foram os primeiros a ver seus nomes nas peças de cobre emitidas ainda em seus Estados. Depois um deles, Thierry I, rei da Austrásia de 511 a 534, cunhou moeda de prata com seu nome. Entretanto, o verdadeiro monopólio real da moeda ligava-se à cunhagem da moeda de ouro. O primeiro rei franco a ter essa audácia, como destaca Marc Bloch, foi o filho de Thierry, Tudeberto I (534-548), mas na Gália, tanto ou mais do que nos outros reinos, o monopólio real desapareceu cedo. Desde o fim do século VI e o início do século VII, as moedas deixam de trazer o nome do rei para trazer o de um moedeiro, fabricante de moeda autorizado, e os moedeiros tornaram-se mais e mais numerosos. Eram funcionários do palácio, ourives urbanos, das igrejas e dos bispos, dos proprietários de grandes domínios. Houve mesmo moedeiros nômades e é possível avaliar na Gália, para a cunhagem de tércios, o número de moedeiros em mais de 1.400. Da mesma maneira que no Império Romano, os metais em que eram cunhadas as moedas eram de três tipos: bronze ou cobre, prata e ouro. A cartografia e a cronologia da cunhagem das moedas nos diversos metais não ficaram bem estabelecidas e Marc Bloch afirmava que é difícil compreender as razões disso. Nos novos Estados, salvo na Inglaterra onde o cobre e o bronze circularam fortemente, o ouro foi muito utilizado antes de sofrer um claro decréscimo. O ouro, por outro lado, ou mais precisamente a mínima moeda de ouro, servia amplamente de moeda de conta, salvo entre os franco-sálios. Por fim, segundo Marc Bloch, uma peça de prata cunhada realmente sob o Império Romano torna-se, na alta Idade Média dita "bárbara", amplamente utilizada como moeda de conta e com promessa de também cumprir um belo futuro. Foi o denário.

2. De Carlos Magno à feudalidade

A multiplicidade das moedas e as flutuações da relação de valor entre o ouro e a prata complicaram muito o recurso às espécies* na alta Idade Média. Carlos Magno pôs fim a essa confusão e criou em seu império um cenário muito mais bem ordenado quanto à moeda. De resto, a reforma começara a partir de 755 sob seu pai Pepino. Segundo Marc Bloch, os três grandes princípios da reforma foram os seguintes: a retomada da cunhagem monetária pelos poderes públicos; a criação de um novo sistema de equivalência entre o denário, a partir de então real, e a moeda de valor mínimo; e afinal a cessação da cunhagem do ouro. A um período de bimetalismo ouro-prata sucede um período de monometalismo prata.

A literatura da alta Idade Média só raramente fala em "ricos", palavra que designa antes os poderosos do que

---

*Por esse plural, "espécies", entendam-se as moedas metálicas. (N. do T.)

os donos de fortunas. Um dos textos mais célebres e mais utilizados na Idade Média é o de Isidoro de Sevilha (cerca de 570-636) que, em suas famosas *Etimologias*, situa o amor ao dinheiro à frente dos pecados capitais, promete aos ricos o inferno e lembra a parábola do rico e do pobre Lázaro, mas na verdade não condena totalmente a riqueza e os ricos. Como a riqueza foi criada por Deus, se os ricos consagrarem sua fortuna ao bem público e às esmolas estão justificados, porém ainda uma vez o latim *dives* em Isidoro de Sevilha designa antes o poderoso do que o homem que tem muito dinheiro. Ainda não entramos, na alta Idade Média, no tempo do dinheiro.

Outra prova da dissociação entre o poder e o dinheiro é a existência na Catalunha do fim do século VIII de um homem podendo ser a um tempo pobre e rico. "Pobre" significa que ele não é livre, é na verdade um dependente do rei que, pela valentia desse homem em combater os muçulmanos, fez-lhe doação de terras novamente arroteadas, tornando-o um homem rico, ainda que sempre "pobre".[5]

Opôs-se às vezes, para caracterizar a economia antes da difusão da moeda real, que se expande a partir do século XI, a "economia-natureza" à "economia-dinheiro". Essas expressões não correspondem à realidade. Isso só foi possível, parece, num passado antiquíssimo, quando havia condições seja para viver de maneira autônoma, seja por entregar-se a trocas abrangendo unicamente produtos, homens ou serviços. Desde a alta Idade Média o dinheiro

---

[5] José E. Ruiz Domenec, "Un *pauper* rico en la Cataluña carolingia a fines del siglo VIII", em *Boletín de la Real Academia de Buenas Letras de Barcelona*, XXXVI, 1975-1976, pp. 5-14.

circulou até mesmo no meio camponês, no mínimo em fraca dose. Os historiadores foram surpreendidos pela presença no *Livre des miracles de saint Philibert* (*Livro dos milagres de São Filiberto*) de um camponês que, na feira de Saint-Philibert-de-Frand-Lieu, por volta de 840, vai beber um meio-denário de vinho na taverna. A lenta progressão do uso do dinheiro, da época carolíngia aos tempos feudais, é reconhecida através de diversos sinais. Há inicialmente a descoberta ou a exploração mais ativa de minas do metal empregado na fabricação de moedas, quer dizer, desde Carlos Magno, o dinheiro mais frequentemente extraído de metais argentíferos como o chumbo. A exploração intensa das grandes minas de prata da época carolíngia, as de Melle, na região de Poitou, fornece maior quantidade de metal precioso. Durante as invasões normandas no século IX pilharam-se prioritariamente os tesouros de igreja constituídos por peças de ourivesaria cuja fusão era, como foi dito, uma das grandes fontes de moeda, o que também permitiu um aumento da cunhagem monetária. A cunhagem de moedas reais a partir desses metais brutos era altamente grosseira mas eficiente. O processo de fusão praticado na Antiguidade foi abandonado. Uma outra técnica veio a ser usada: depois da preparação dos discos de metal para cunhagem, quer dizer do corpo bruto da peça, esta era obtida por uma série de operações que se constituíam na cunhagem propriamente dita.[6] Pelo

---

[6]Achar-se-á a descrição completa e clara da fabricação das moedas reais na obra de Etienne Fournial, *Histoire monétaire de l'Occident médiéval*, Paris, 1970, pp. 9-12, e melhor ainda na obra mais recente de Marie-Christine Bailly-Maître, *L'Argent. Du mineral au pouvoir dans la France médievale*, Paris, Ed. Picard, 2002, obra ilustrada.

fim da época carolíngia, a unidade de peso das moedas utilizadas no Ocidente, e até então baseada na onça romana ocidental, foi modificada e recebeu um novo nome que abrange entretanto numerosas diversidades nacionais ou regionais: foi o marco. Cunharam-se, por exemplo, no território da França medieval, quatro tipos de marco, porém o mais empregado foi o marco de Troyes, pesando 244,75 gramas. Esse marco, utilizado em todas as oficinas moedeiras reais francesas, foi por isso às vezes chamado marco do rei ou marco de Paris.

Mas o surgimento do sistema feudal, e sobretudo sua evolução no sentido daquilo que Marc Bloch chamou de segunda idade feudal, se preparou um verdadeiro nascimento da difusão do dinheiro no mundo ocidental cristão, também deu lugar a uma fragmentação da cunhagem e de seus lucros nascida da decadência política e social do Império carolíngio. As reformas de Carlos Magno tinham levado ao desaparecimento da fabricação individual de moedas da alta Idade Média, mas o monopólio imperial da moeda foi de curta duração. Desde o século IX ele foi usurpado pelos condes, e a Idade Média condal abriu caminho à dispersão dos cunhadores de moedas ligada à ruína feudal.

Antes do início do século X, as moedas emitidas na cristandade europeia o eram unicamente nos territórios a oeste do Reno e na Itália. O imperador Óton I (936-973) fundou diversas novas oficinas moedeiras na parte oriental de seu império ampliado. Um fabricante de moedas dinamarquês instalou-se em Hedeby. Desde 960-965 cunhavam-se moedas na Boêmia e, antes do fim do século X, em Kiev, na Rússia.

No fim do século X começa a produção de moedas oficiais nos países escandinavos (Dinamarca, Noruega, Suécia), e desde os primeiros anos do século XI aparecem moedas húngaras. No mundo eslavo, a moeda se desenvolveu, mas em escassa quantidade, na Polônia, sob Mesco I e Boleslas, o Valente (992-1025), sendo essas moedas em sua maior parte imitações das peças saxãs, bávaras, boêmias e anglo-saxãs. Por volta de 1020, cessa a cunhagem de moedas na Suécia, na Noruega, na Rússia de Kiev e na Polônia. As cunhagens precedentes, em quantidades limitadas, davam-se principalmente por motivação política e um desejo de prestígio. A cessação parece ligada a dois fatos: a ausência de metais preciosos de origem local e a fragilidade das trocas comerciais. Ao contrário, a cunhagem de moedas não parou de se desenvolver na região de Saxe e ainda na Baviera, na Boêmia e na Hungria.[7]

Do lado da Mancha e do Mar do Norte, textos do início do século XI atestam o desenvolvimento do grande comércio nessas regiões, e reações da Igreja ao seu enriquecimento através da obra de dois monges, Aelfric, mestre de noviços da Abadia de Cernel, em Dorset, região da Grã-Bretanha no litoral da Mancha, autor, por volta de 1003, de um diálogo, o *Colloquium*; e Alpert, monge na região holandesa de Utrecht, autor entre 1021 e 1024 do tratado *De diversitate temporum* [Sobre a diversidade dos tempos], no qual discorre acerca dos comerciantes de Tiel. Alpert condena vivamente esses comerciantes que acusa de numerosos vícios

---

[7]Stanislaw Suchodolski, "Les débuts du monnayage en Pologne" (Os começos da cunhagem de moeda na Polônia), em *Revue suisse de numismatique*, vol. 51, 1972, pp. 131-135.

e em particular da retenção de penhores que exigiam de alguns dos que pediam empréstimo. Ao contrário, Aelfric expressa algumas das primeiras justificativas quanto à atividade de comerciante, do qual diz ser "útil ao rei, ao chefe, aos ricos e ao conjunto do povo". Destaca que ele vende sua carga até as regiões de além-mar, de onde volta com produtos preciosos não encontradiços na cristandade, e isso enfrentando o perigo do mar. Entre esses produtos, principalmente, vestes de púrpura e de seda, pedras preciosas e ouro, especiarias, azeite, marfim, enxofre, vidro, etc. Como lhe perguntassem se vendia aos comerciantes ao preço pelo qual tinha comprado as mercadorias, responde: "Não posso. Nesse caso, que proveito teria meu trabalho? Quero vender mais caro do que compro, para poder ter um certo lucro e desse modo alimentar a mim, minha mulher e meus filhos." Vê-se assim prenunciar-se o que figurará mais tarde entre as justificações do benefício, do juro de quem ganha o dinheiro: a remuneração do trabalho, a compensação pelo risco, a necessidade de se alimentar para quem não trabalha a terra.[8]

Por volta de 1050, o termo "rico" aparece na língua romana em lugar de *dives*, mas conserva essencialmente o sentido de "poderoso". Creio pois que Hironori Miyamatsu exagera quando diz que, no fim do século XI, o rico no sentido moderno do termo está para nascer. Entretanto, é precisamente no fim do século XI que surge um fato que

---

[8]Stéphane Lebecq, "Aelfric et Alpert. Existe-t-il *un* discours clérical sur les marchands dans l'Europe du Nord à l'aube du XIe siècle?" ["Aelfric et Alpert. Há *um* discurso clerical sobre os comerciantes na Europa do Norte na aurora do século XI?"], em *Cahiers de civilisation médiévale*, ano XXVI, nos 1-2, jan.-jun. de 1984, pp. 85-93.

acelerará o recorrer ao dinheiro: a cruzada. Antevendo na verdade longas rotas em meio hostil e não sabendo que ganhos teriam na Terra Santa, numerosos cruzados se preocupam em conseguir dinheiro fácil de transportar, quer dizer, de alto valor por pequeno preço, e buscam tanto dinheiro quanto for possível.

3. O impulso da moeda e do dinheiro na virada do século XII para o século XIII

As modificações na concepção e no uso do dinheiro que marcam tal período crucial, sob esse ponto de vista, quanto às sociedades medievais, ligam-se a certo número de acontecimentos fundamentais. Os principais são a passagem do mercado itinerante para o mercado sedentário, o progresso urbano — as cidades eram grandes criadoras e grandes consumidoras de dinheiro —, a volta à moeda de ouro, o desenvolvimento do lucro e as primeiras tentativas para justificar, em certos limites e certas condições, a lenta passagem da condenação absoluta da usura e dos usurários a certa indulgência a respeito do lucro e do juro e daqueles que enriqueceram; a difusão da moeda e sua regulamentação, devida em particular ao reforço dos poderes públicos e principalmente monárquicos; a promoção da imagem do trabalho e a ascensão do ensino e da prática do direito. O paradoxo é que esse crescimento do número dos ricos e da indulgência quanto à acumulação e à utilização do dinheiro coexiste, ou se desenvolve mais, em relação a um elogio da pobreza, uma multiplicação da beneficência para com os pobres e uma associação da imagem destes à de Jesus. Pode-se dizer que o início do século XII foi simultaneamente o tempo da canonização — em 1204 — de Santo Homebon, rico comerciante de Cremona (a bem dizer, apesar de sua riqueza), e da glorificação da pobreza por São Francisco de Assis.

O desenvolvimento do comércio

O desenvolvimento do comércio até um longo raio de ação, que pouco deve às cruzadas, empreendimentos militares sem grande proveito para a cristandade, manifesta-se sobretudo indo além dos simples pequenos mercados locais ou regionais pela instituição e a atividade que se poderia dizer internacional de algumas grandes feiras. O exemplo mais conhecido e sem nenhuma dúvida o mais importante nos séculos XII e XIII é o das feiras de Champagne, que se realizavam em Lagny, Bar-sur-Aube, Provins e Troyes e se sucediam ao longo de todo o ano: a de Lagny em janeiro-fevereiro, a de Bar em março-abril, a de Provins em maio-junho, sendo o ápice em maio, enquanto a de Troyes, em julho-agosto, tinha como ápice a feira da festa de São João.*
Em Provins, já em setembro-novembro, o momento capital

---

*A festa de São João, entretanto, é em 24 de junho, como se sabe. Há aí, como se vê, um pequeno desencontro. (N. do T.)

era a feira de Saint-Ayoul, e o pico desta vez era a feira de Saint-Rémi. Os condes de Champagne, em cujo domínio se realizava a feira local, controlavam a legalidade e a honestidade das transações, garantindo as operações comerciais e financeiras. Funcionários especiais foram criados, os guardas de feira, função pública mas frequentemente confiada a burgueses, até que, em 1284, os reis de França tornaram-se mestres da feira de Champagne, nomeando funcionários reais. O controle das operações financeiras e a verificação da honestidade das trocas deram a essas feiras o que se chamou "o papel de um *clearing-house** embrionário". O hábito de nelas contrair e regular dívidas, a importância crescente das operações de câmbio aumentaram a função dessas feiras, e em particular das de Champagne, na vida econômica e social da sociedade medieval. Elas foram em primeiro lugar uma fonte de enriquecimento para o meio comercial, porém o impulso que deram à movimentação do dinheiro foi importantíssimo.

O impulso das cidades

A outra causa do desenvolvimento da circulação do dinheiro foi o impulso das cidades. Certamente, também no meio rural havia o uso monetário. E progressivamente, no meio da economia dita feudal, os senhores recebiam o devido

---

*O termo inglês *clearing-house*, introduzido no linguajar financeiro francês no século XIX, significa "compensação", nas transações comerciais, segundo os dicionários não especializados. Hoje se diz apenas *clearing*, esclarece um especialista. (N. do T.)

pelos camponeses não mais em produtos ou em corveia,* mas em dinheiro, cuja parte nesses adiantamentos não cessava de aumentar.

Se entretanto não convém, mesmo no quadro da economia rural, falar em "economia-natureza", menos ainda se deve usar tal terminologia no quadro urbano. O desenvolvimento do artesanato estimulando a compra de matérias-primas e a venda dos objetos fabricados, o recurso cada vez mais importante de tratar com um assalariado, como bem demonstrou para Paris, a partir do século XIII, Bronislav Geremek, ampliou o uso do dinheiro nas cidades. A elevação do nível de vida das populações urbanas provocou uma nova diferenciação social entre burgueses ricos e cidadãos urbanos desta vez pobres. Se os cruzados quase não estimularam o comércio com o Oriente, seu financiamento sugou uma parte substancial da riqueza senhorial e fez declinar a importância dos senhores face aos burgueses que enriqueciam. O grande período de construção das catedrais, sobretudo góticas (séculos XII e XIII), que uma observação quanto a Epinal** dizia ter sido sua catedral realizada pelo trabalho gratuito oferecido a Deus, operou na verdade uma dura punção nas finanças eclesiásticas e urbanas, o que retardou um enriquecimento maior das cidades. Mostrarei mais adiante que é impossível esposar a tese exposta em um célebre artigo, *Ceci a tué cela* ("Isto matou aquilo"), de Robert S. Lopez. Nesse artigo, isto, as catedrais, matou aquilo, a expansão da economia monetária. Em primeiro lugar, é preciso acres-

---
*Dias de trabalho gratuito que os servos deviam a seu senhor. (N. do T.)
**Cidade (atualmente com cerca de 40 mil habitantes) do departamento dos Vosges, à beira do rio Mosela. (N. do T.)

centar à construção das catedrais a de numerosas igrejas e numerosos castelos-fortes construídos em pedra quando as casas urbanas eram quase sempre de madeira, o que, longe de secar a economia monetária, como pensava Lopez, foi um de seus grandes estimulantes. Os mercados urbanos viram sua atividade progredir fortemente e se tornar cotidiana. Foi necessário construir, para esses pontos de comércio nos quais se usava a moeda, praças cobertas frequentemente ainda impressionantes hoje. Na Paris de Filipe Augusto (1180-1223), grandes empreendimentos como a construção de muralhas e a de praças deram testemunho desse impulso do dinheiro.

A obtenção de franquias para as cidades fez desaparecer o peso das taxas senhoriais que comprimiam o desenvolvimento econômico e a difusão do dinheiro. O dinheiro foi o cimento das associações que se fundaram, seja entre o comum das cidades, as guildas, seja entre cidades prósperas e comerciais, as hansas.* Assim, algumas regiões da cristandade conheceram um desenvolvimento urbano e comercial que lhes deu uma riqueza maior, uma força maior, uma imagem mais brilhante em relação às regiões onde o crescimento não foi tão grande e nas quais o dinheiro circulava menos.

Desse modo, duas regiões principais se impuseram. A primeira foi o nordeste da Europa, de Flandres aos países bálticos. As cidades dessa região se enriqueceram primeiro pela venda de tecidos, mas sua produção artesanal — e, no

---

*Hansas eram cidades alemãs associadas, buscando seus comerciantes meios de repartir os lucros de modo mais eficiente. Guildas, citadas imediatamente antes, eram associações de seguros mútuos entre os comerciantes. (N. do T.)

caso dos tecidos, quase industrial — cresceu e se diversificou. Chegam a constituir uma grande rede que é também uma grande via de circulação de mercadorias. São, para citar apenas as mais ricas, Arras, Ypres, Gand, Bruges, a mais poderosa, Hamburgo, Lubeck, fundada em 1158, até Riga, fundada em 1201, às quais é preciso acrescentar, na Inglaterra, Londres, que, ligando-se à rede hanseática, torna-se uma grande praça econômica. A outra região dominante é a Itália do Norte, e mais amplamente o espaço mediterrâneo. Os grandes centros neste caso são Milão, Veneza, Gênova, Pisa, Florença e, em segundo plano, Cremona, Piacenza, Pavia, Asti, Sena e Luca. Gênova se constitui, entre outras atividades, em uma plataforma giratória como as de algumas estações das estradas de ferro, que servem para mudar o sentido em que vai uma locomotiva. Assim, torna-se um grande mercado de escravos fornecidos seja pelos catalães e os maiorquinos, no ritmo da Reconquista espanhola, seja pelas regiões do Mar Negro. E foi, afinal, a partir do Mar Negro, em Cafa, que um navio genovês levou para a Europa em 1347 o vírus da peste bubônica. Em Veneza existe desde o século XIII uma autêntica indústria do vidro, cuja parte essencial está concentrada na ilha de Murano.

A essa dupla origem acrescente-se o despertar das cidades da costa atlântica francesa, em particular La Rochelle, da qual o rei de França se apoderou em 1224, e Bordeaux, que, depois da instalação dos ingleses no sudoeste francês, aumenta a cultura e o comércio dos vinhos, nova fonte de riqueza. A Inglaterra não importou apenas vinhos provenientes de Bordeaux: os vinhos da região de Poitou, exportados a partir de La Rochelle, também são muito apreciados e consumidos. Em 1177, ao largo de Saint-Valéry-sur-Somme, no canal da Mancha, trinta navios levando vinho de Poitou para a Inglaterra naufragaram.

Tudo considerado, a cidade é, em relação ao campo, que quase não progride no século XII,[9] o lugar de grande dinamismo de todo tipo. Dinamismo do trabalho graças a progressos tecnológicos que exploram a energia dos moinhos urbanos para a metalurgia, os curtumes e até a fabricação de cerveja. Também há dinamismo social, a partir do qual surgem comerciantes, com exceção talvez da Itália, onde os senhores permanecem frequentemente na cidade, patrões nas cidades, graças a seus negócios e a seus operários. Transformados em patrões, aproveitam a promoção da ideia do trabalho — não mais desprezando como consequência do pecado original, ainda que o trabalho manual continue a sofrer certa "pejorização" — para impor seu dinamismo econômico e social. Esse impulso urbano é também uma das causas fundamentais da expansão da moeda, ou antes das moedas, nos séculos XII e XIII, pois é preciso lembrar que não existe mercado monetário e que a utilização das moedas não caracteriza uma pessoa ou um grupo.

---

[9] O preparo da terra, que permitiu ao mesmo tempo uma produção de madeira frequentemente vendida, fonte de dinheiro, portanto, e a criação de espaços entregues a culturas indutoras da possibilidade de novas rendas, continuou nos séculos XII e XIII. Bruno Lemesle, que estudou o fenômeno na região de Anjou, sublinha o que chama de dinamismo econômico dos mosteiros e mostra que isso gerou numerosos conflitos entre senhores e monges.

A necessidade de moeda

Esse crescimento do uso das moedas, se se deve principalmente ao desenvolvimento urbano, vai além do cenário das cidades. É o que se vê no setor têxtil e da manufatura de panos, que proporciona importantes movimentos de compras, de vendas e de trocas até mesmo para fora da cristandade. Esse setor chega aos poucos a ser o único que atinge um estágio quase industrial e induz uma circulação crescente do dinheiro, nas mãos dos comerciantes de tecidos que prosperam particularmente em Flandres e em Hainaut.* Uma parte da atividade têxtil instala-se no campo e não poucas vezes continua sendo individual, mas atinge grandes progressos tecnológicos no ofício de tecer. Se é possível tomar como um reflexo da realidade a célebre passagem de um romance de Chrétien de Troyes,** *Erec et Enide* (cerca de 1170), na qual se mostra o cansaço de operários da seda em um castelo senhorial, a produção têxtil teria existido nos castelos. O que vale para a indústria de tecidos também se passa no mundo da construção. Nesse setor, a madeira recuou em benefício da pedra e do metal. Por exemplo, a pedra de Caen*** conheceu, do século XI ao século XV, um nível de utilização

---

*Região histórica situada parte na França e parte na Bélgica. O sul de Hainaut torna-se definitivamente francês no fim do século XVII, pelo tratado de Nimega. (N. do T.)
**Poeta francês do século XII, autor de romances de cavalaria em que se unem admiravelmente mito e cultura popular. Além do romance citado, é autor de *Percival ou o Conde de Graal* (possivelmente sua obra mais conhecida), de *Lancelote ou o Cavaleiro na carroça* e outros. (N. do T.)
***Cidade da Baixa Normandia, departamento de Calvados, à margem do Orne. Tem imponentes igrejas, uma delas fundada por Guilherme, o Conquistador, e a rainha Matilde, e hoje, como grande atração, o memorial Museu pela Paz. (N. do T.)

que fez dela objeto de extração e de um comércio do tipo industrial no qual foi importante a presença do dinheiro. Explorar esses polos de extração em geral foi uma atração bem maior na implantação da economia monetária do que explorar as florestas.[10] A arqueologia medieval ampliou-se recentemente na França, estendendo-se ao mundo rural, à imitação da Polônia. Realizaram-se escavações na Borgonha, especialmente na aldeia de Dracy, na Côte-d'Or. O responsável francês por essas escavações, Jean-Marie Pesez, chamou a atenção para o fato altamente excepcional de que as casas dos trabalhadores do campo na região não eram de madeira, mas construídas em pedra.[11]

Note-se que a virada do século XII para o século XIII marca sem dúvida o apogeu e logo o declínio do papel das ordens monásticas na circulação do dinheiro. Determinados mosteiros, e em particular a rede cujo centro era Cluny, foram alguns dos principais emprestadores de dinheiro aos leigos que se endividavam. Mas a procura de dinheiro chega a um ponto tal que pôs os mosteiros fora de circuito.

Ora, diante dessa demanda crescente de dinheiro, faltam à cristandade recursos em metais preciosos, apesar da exploração de novas minas e da difusão ao norte e a leste da

---

[10]O. Chapelot e P. Benoit dirigiram o trabalho *Pierre et métal dans le bâtiment au Moyen Âge* (Pedra e metal na construção na Idade Média), colóquio de Paris de 1982, Ed. de l'EHESS, Paris, 1985. Ver particularmente nessa obra coletiva o artigo de L. Musset, "La pierre de Caen: extraction et commerce XIe-XVe siècle" A pedra de Caen: extração e comércio do século XI ao século XV, pp. 219-235.
[11]Os resultados dessas escavações foram publicados no volume *Archéologie des villages désertés: Dracy* [Arqueologia das cidades abandonadas: Dracy], Paris, Armand Collin, 1970. E J.M. Pesez consagrou um artigo ao assunto no volume do colóquio de Besançon de 1972, *La Construction au Moyen Âge, histoire et archéologie,* Les Belles Lettres, Paris, 1973, "L'habitation paysanne en Bourgogne médiévale" [A habitação camponesa na Borgonha medieval], pp. 219-237.

cristandade de moedas de prata de valor forte e até mesmo de moedas de ouro bizantinas e muçulmanas. Por isso é que a progressão da economia monetária no século XII fica contida em certos limites, tanto que o historiador torna-se incapaz de saber com precisão de que importância se revestiu o dinheiro nessa época. A ausência de trocas entre economistas e numismatas e a ambiguidade das raras fontes escritas, que muitas vezes não permitem avaliar se se trata de moedas reais ou de moedas de referência, deixam em grande parte uma lacuna nesse período da história do dinheiro. As coisas se alteram no século XIII, e a possibilidade de precisar e de ampliar o estudo corresponde certamente ao aumento da documentação e principalmente ao progresso real da economia monetária depois dessa grande mudança no Ocidente cristão entre 1150 e 1250.

4. O próspero século XIII do dinheiro

Por próspero século XIII entende-se também um longo século XIII. Sigo nisto o historiador britânico Peter Spufford, que publicou em 1988 uma obra tornada clássica, *Money and its Use in Medieval Europe* [O dinheiro e seu uso na Europa medieval]. Spufford, na esteira de Fernand Braudel, que falou de um longo século XVI, consagra a parte central de sua obra ao que chama de "The Commercial Revolution of the thirteenth century" ("A revolução comercial do século XIII") e estabelece precisamente que esse século XIII vai dos anos 1160 aos anos 1330. É também desse longo século XIII que trataremos aqui, o qual, depois do movimento esboçado no século XII e antes das dificuldades e conflitos que agitaram o uso do dinheiro no século XIV, aparece como um apogeu.

O dinheiro em debate

Um dos sinais mais visíveis está no paroxismo das discussões do empréstimo com juros, a que a Igreja dá o nome de "usura", e na atitude equilibrada da Igreja a respeito dos usurários, entre o reforço da hostilidade tradicional e o início de certa indulgência. O século XIII é na verdade a época em que o dinheiro dá motivo, nos meios eclesiásticos, ao debate teórico mais consistente. Essa presença do dinheiro na teologia e na pregação deve-se em grande parte ao nascimento e ao desenvolvimento das ordens religiosas situadas não no campo, mas na cidade, as ordens mendicantes das quais as duas principais são os dominicanos e os franciscanos, ao desenvolvimento da pregação urbana não mais em latim, mas em língua vulgar, quer dizer, atingindo uma ampla massa de fiéis. E também ao ensino universitário que, tratando do conjunto dos problemas que concernem concretamente a todos os fiéis na terra, leva a elaborar sínteses, as "sumas", nas quais o dinheiro tem seu lugar. A fundação das universidades liga-se ao problema intelectual, econômico e social surgido com o crescimento da função do dinheiro na cristandade medieval.

Surge uma série semanal de sermões pronunciados na sua maior parte em língua vulgar, quer dizer, em alemão, por um dos maiores intelectuais escolásticos do século XIII, Alberto Magno, em Augsburgo, em 1257 ou em 1263. Alberto Magno é um dominicano que, depois de estudos em Pádua e em Colônia, obteve o título de mestre em teologia na universidade de Paris entre 1245 e 1248. Leciona depois no *studium* de Colônia, onde teve entre outros por aluno Tomás de Aquino, e prega em diversos lugares da Alemanha, até a morte, em Colônia, em 1280. É o primeiro grande intérprete cristão da obra de Aristóteles. Seu sermão hebdomadário, isto é, constituído por sete sermões pronunciados na sequência de cada um dos dias de uma semana, tem por tema o comentário por Santo Agostinho de uma frase do Evangelho, "uma cidade situada sobre uma montanha não pode estar escondida" (Mateus, 5, 14). Esses sermões contêm de fato uma teologia e um elogio da cidade. Alberto neles dá relevo ao papel dos comerciantes e dos ricos que levam à cidade tudo aquilo de que ela necessita e que possibilitam, por um lado, um meio de viver aos pobres e, por outro lado, ornar a cidade com monumentos que lhes trazem a beleza. Na lista de pecados capitais que ele dá (a ordem na qual os teólogos, moralistas e pregadores da Idade Média dão essa lista é uma das melhores expressões de sua atitude em face da moral e da ordem social), o primeiro e o pior é a luxúria. A avareza, ou seja, a cupidez, fica apenas em terceiro lugar. O excelente medievalista americano Lester K. Little, em seu grande livro *Religious Poverty and the Profit Economy in Medieval Europe* [Pobreza religiosa e a economia do lucro na Europa medieval] (1978), observou muito bem que nessa pregação de Alberto Magno a imagem do paraíso sobre a terra não é o claustro monástico, mas a importância da cidade. A teologia integrou assim em sua reflexão o crescimento em poderio da cidade e do dinheiro.

Uma contraprova desse fenômeno é o crescimento considerável do número dos pobres na cidade. Michel Mollat, que foi o grande historiador dos pobres na Idade Média, observou que, apesar da existência de pobres nos campos, as cidades no século XIII foram o principal lugar em que pulularam pobres, e dá o exemplo de Florença, ainda que não se tenham documentos para uma avaliação de cálculos nesse sentido senão no século XIV. Voltarei ao assunto da ligação que pode parecer contraditória entre o aumento da circulação do dinheiro e o aumento da caridade sob forma monetária. A causa evidente neste caso é a desigualdade da distribuição dessa massa monetária crescente, o bem-estar econômico sendo acompanhado em geral nas sociedades históricas pelo crescimento das desigualdades sociais.

Despesas novas do investimento urbano

Se o meio senhorial prova talvez mais dificuldades que vantagens nesse crescimento da circulação da moeda, o problema das finanças é, para as cidades, ainda mais penoso. O enriquecimento proveniente do desenvolvimento do artesanato e sobretudo do comércio é principalmente individual e familiar. Quanto às cidades, devem ser responsáveis pelas despesas comunitárias e pelas pessoas (chefes das câmaras municipais, conselheiros, etc) e organismos que as representam a partir de sua emancipação, a qual, para o essencial, tem lugar a partir do século XII. Devem para isso dotar-se de instrumentos para uma fiscalização adequada. A primeira dessas despesas deve ser com a construção e, sobretudo, com as reformas das fortificações que existem em torno da maior parte das cidades nesse tempo de violência entre príncipes e senhores. O desenvolvimento do comércio, viu-se, introduz, como já se dava em Ypres e Paris, a construção de um mercado que proporcione mais comodidade às trocas, mas que se torne também quase um concorrente da catedral como símbolo da cidade. Em Agde,* 1305, os cônsules devem se entender com o bispo para providenciar a edificação, na grande praça, de um mercado "o maior e mais amplo que possa ser construído".

Da mesma forma, para a construção na cidade de fornos, de celeiros, de lagares e principalmente de moinhos, o investimento privado é insuficiente e as administrações urbanas devem colaborar não poucas vezes. É o caso ainda uma vez de Agde, em 1218-1219, quando a cidade e o bispo tiveram de colaborar na construção de moinhos em Hérault. Muitas cidades ainda são obrigadas a construir à sua custa aquedutos, poços, canais, chafarizes. Na cidade de Provins, em 1273, o chefe da câmara municipal mandou vir do exterior aquedutos para as casas e para as ruas, e em 1283 a cidade conseguiu com o rei o direito de instalar à custa dos habitantes quatro novos chafarizes. O século XII é também a época em que começam a ser edificadas as "casas de cidade", que mais tarde serão chamadas câmaras municipais. Prefeituras aparecem desde o fim do século XII, como em Toulouse entre 1190 e 1204. A exemplo de Bruges as despesas ordinárias de uma cidade incluíam o pagamento de uma taxa aos membros de seu conselho, assim como os salários fixos e anuais — denominados pensões — de alguns de seus colaboradores, também chamados de funcionários municipais. Havia ainda o salário dos sargentos encarregados da polícia, o pagamento de uniformes de gala para os membros do conselho e do traje de libré dos empregados municipais, mais os *vins d'honneur* para os hóspedes que mereciam con-

---

*Cidade às margens do Mediterrâneo do departamento francês de Hérault, na região do Languedoc-Roussillon. (*N. do T.*)

sideração especial, *vins-d'honneur* que se transformavam em propinas para as pessoas de cujos favores a cidade precisava. Tudo somado, afinal, os pagamentos para os anunciadores de mensagens, segundo R. de Roover, eram consideráveis. Acrescente-se a tudo isso, no quadro da política caritativa das cidades, a criação de hospitais e leprosários. Jacqueline Caille mostrou com propriedade aquilo a que chamou "a comunalização e a laicização" dos hospitais em Narbonne.

Outro exemplo, sempre estudado por Jacqueline Caille, diz respeito às despesas feitas pela comuna para a construção de pontes. Como as cidades estavam na maior parte situadas à margem de um rio, de Roma a Paris a construção de pontes foi, desde a origem, uma das obrigações e das principais despesas do poder urbano. Desde 1144, quando o conde de Toulouse criou a nova cidade de Montauban, tornou-se obrigatório aos imigrantes, ao chegarem, que construíssem à sua custa uma ponte sobre o Tarn. Marca a Idade Média, quanto a isso, a passagem mais ou menos rápida, mais ou menos anunciada da madeira à pedra como material dessas pontes. Se esse novo material acarretava despesas superiores, nem por isso se deve crer que a madeira não trouxesse sérias despesas. As pontes de madeira eram, como a maior parte das casas da cidade, sujeitas a incêndios e mais sensíveis do que a pedra às grandes enchentes. Sinal e instrumento da difusão do dinheiro, as pontes de Narbonne foram construídas nas seguintes ocasiões: a primeira, que se chamou Ponte Nova, em 1275 em substituição a uma antiga Ponte Velha, que é, para os historiadores da cidade, ou uma ponte medieval do século XII ou uma antiga ponte romana; a segunda, em 1329; e uma terceira em 1341. O piso desta última era em madeira de um tipo de carvalho rústico das florestas, e os pilares eram de alvenaria. A Ponte Nova em parte foi destruída por uma grave inundação em 1307.[12] O financiamento dessas pontes foi garantido pelos senhores de Narbonne e diversos notáveis para os quais eram particularmente úteis, mas principalmente por dois pedágios cobrados por um fazendeiro por meio de lances, como num leilão. Os lances para esse pedágio foram particularmente altos porque a ponte interessava sobretudo aos comerciantes e artesãos ricos. Embora fisicamente distante, o rei muitas vezes interveio, na maioria das vezes para autorizar uma despesa relativa à construção ou manutenção das pontes. A construção dessas pontes deu-se precisamente no apogeu do progresso econômico e social em curso nas cidades durante o longo século XIII.

De um modo geral a Idade Média, cujo equipamento tecnológico e o saber técnico eram mais frágeis do que hoje, foi particularmente sensível às catástrofes (inundações, incêndios, deslizamentos de terreno...), que constituíam uma exigência maior, pela necessidade de reparações, portanto com o uso de mais dinheiro. Essa história das catástrofes medievais, esboçada por Jacques Berlioz, ainda não está feita com precisão e é uma lacuna da história da Idade Média. Se a Igreja e o povo foram os principais financiadores dos trabalhos urbanos, em Narbonne, como em muitas outras cidades à época, o papel do visconde é muito importante no que toca à cunhagem da moeda utilizada na cidade e em sua região. Mas os habitantes da cidade de Narbonne tinham um tal interesse na boa qualidade da moeda cunhada pelo

---

[12]J. Caille, "Les nouveaux ponts de Narbonne (fin XIIIe-milieu XIVe siècle). Problèmes topographiques et économiques" [As novas pontes de Narbonne (fim do século XIII-meado do século XIV). Problemas topográficos e econômicos], em *Hommage à André Dupont*, Montpellier, 1974, pp. 25-38.

visconde que este, Amauri I, precisou, em 1265, proclamar por ordenação, em resposta às súplicas dos cônsules da cidade e do burgo, que "manteria e conservaria durante toda a sua vida a nova moeda que seu pai recentemente mandara cunhar".[13]

O grande canteiro das catedrais

Antes mesmo de todos esses grandes trabalhos de equipamento e de manutenção, o canteiro de obras que absorveu mais dinheiro no século XIII foi o das grandes catedrais góticas. Por muito tempo a história difundiu o mito das catedrais como produto da fé e de um tal fervor religioso que os poderosos obtinham gratuitamente o essencial das matérias-primas para a construção e que os trabalhos também eram executados por determinada mão-de-obra igualmente gratuita, quer se tratasse de operários de condição servil, emprestados sem cobrança por seus senhores, ou operários de condição livre oferecendo seu trabalho a Deus. As pesquisas mais lúcidas de historiadores da segunda metade do século XX mostraram que a construção das grandes catedrais custou caro e, admirando esses monumentos, pode-se considerar, como já assinalei, que uma das razões de a economia europeia não ter decolado na Idade Média foi, com as cruzadas e a fragmentação monetária, o custo das catedrais. O historiador americano Henry Kraus consa-

---

[13] Thomas M. Busson, "*Confirmatio monete* à Narbonne au XIIIe siècle" [neste título francês que se abre com uma citação latina, a citação corresponde a *Afirmação da moeda*, e o resto, a parte francesa, é de tradução óbvia], em *Narbonne, archéologie et histoire*, Montpellier, 1973.

grou em 1979 um belo livro a esse problema sob um título eloquente, *Gold Was the Mortar. The Economics Cathedral Building* [Ouro era a argamassa. A economia da construção da catedral], traduzido para o francês em 1991 sob o título *A prix d'or. Le financement des cathédrales* [A preço de ouro. O financiamento das catedrais]. Kraus estudou, de maneira forçosamente muito aproximativa e difícil para adaptar a uma avaliação moderna, em razão do pequeno número dos documentos e pela ausência de precisão neles, o financiamento de algumas das grandes catedrais: Paris, Amiens, Toulouse, Lyon, Estrasburgo, York, Poitiers e Rouen. Notre-Dame de Paris foi financiada principalmente pela Igreja, que a isso consagrou as rendas ou o preço de venda de uma parte de suas propriedades e de seus bens temporais, por meio de doações em dinheiro feitas por seus bispos e do imposto denominado talha (contribuição) que o capítulo impôs de maneira repetida durante o primeiro período de construção, quer dizer, no fim do século XII. Assim, o bispo fundador de Notre-Dame de Paris, Maurice de Sully, morto em 1196, fez uma contribuição de cem libras para a compra do chumbo destinado à cobertura da nave. Por volta de 1270, o rico cônego Jean de Paris financiou a construção do transepto,* e o bispo mais generoso, cujas doações ultrapassaram 5 mil libras, foi Simon Matiffas de Buci.

Em Amiens, o essencial da construção, entre 1220 e 1250, foi garantido por uma contribuição financeira dos burgueses. O bispo Geoffroy d'Eu, por sua vez, vendeu uma parte de

---

*Transepto é a nave transversal que corta a nave mestra de uma igreja, formando sempre uma cruz, por motivos devocionais. Digamos que o transepto são os braços da cruz. (*N. do T.*)

seus bens. De resto, o bispo proibiu durante a construção da catedral todas as doações para as outras igrejas da cidade. No fim do século XIII, a cidade fez, para o acabamento dos trabalhos, importantes empréstimos que aumentaram consideravelmente sua dívida. Além disso, a comuna obrigou os dominicanos instalados fora da cidade, mas que tivessem duas casas no interior dela, a vender-lhe essas casas para, em lugar delas, construir um mercado cujos lucros seriam destinados à catedral. O dinheiro doado pelos comerciantes de anil (a planta de cor azul denominada pastel, utilizada pelos tintureiros para tingir panos), cujo comércio os tinha enriquecido, valeu-lhes como reconhecimento uma bela escultura que os representava.

Toulouse não chegou a possuir uma catedral digna da grande cidade que era porque nem os burgueses nem a Igreja quiseram investir muito para construí-la. Outras igrejas tinham consumido os juros e as posses dos habitantes das cidades e do clero. Foi o caso no século XII da soberba igreja beneditina de Saint-Sernin e das igrejas da Daurade e a da Dalbade, estas duas financiadas em grande parte pelos artesãos e comerciantes numerosos e ativos em seu bairro, em particular a corporação ou confraria dos cuteleiros (fabricantes de peças de cutelaria). O período durante o qual Toulouse foi palco de uma caça aos cátaros* não foi favorável à construção de uma grande catedral. Quando, no fim do século XIII, o bispo Bertrand de L'Isle-Jourdain (ocupou o bispado em 1270-1286) levou a

---

*Os cátaros ou albigenses (da região de Albi, sul da França) constituíram uma seita da Idade Média que pregava a absoluta pureza de costumes. *(N. do T.)*

peito retomar e impulsionar a edificação de uma catedral, era a construção das igrejas das ordens mendicantes que atraía os principais investimentos, em particular a dos dominicanos, a igreja dos jacobinos, como os frades dessa ordem eram conhecidos. Os tolosinos consideravam essa igreja uma "substituta da catedral".

Temos, para a construção da catedral de Lyon, na realidade uma construção realizada a partir de 1167, a mesma parelha de financiadores: o clero e os burgueses. De fato, nem um nem os outros manifestaram de modo contínuo e sério um interesse que levasse a uma captação de recursos em legados testamentais e doações. A construção da catedral de Saint-Jean, de Lyon, arrastou-se então até o fim do século XVI. Em contrapartida, o entusiasmo dos cidadãos de Estrasburgo por sua catedral, na qual o novo gótico substituiu a nave romana depois de um incêndio, permitiu uma construção rápida no meado do século XIII, e a grande fachada foi executada de 1277 a 1298. Por outro lado, a construção da catedral de York, na Inglaterra, a partir de 1220, para a qual os arcebispos se mostraram mais ativos, alternou períodos de aceleração e de parada.

Kraus estuda ainda a construção das catedrais de Poitiers e de Rouen. Em Poitiers, curiosamente, houve uma longa interrupção dos trabalhos depois da tomada de Poitou pelos franceses em 1242 e durou durante todo o tempo do apanágio* de Afonso de Poitiers, irmão de São Luís,

---

*Apanágio era a porção do domínio real concedida pela coroa francesa aos filhos abaixo do primogênito, compensação pelo fato de não serem herdeiros diretos do trono como seu irmão mais velho. A concessão durava do momento em que era solenemente feita até a morte do beneficiado. (N. do T.)

morto em 1271. Em Rouen, a construção da catedral foi favorecida tanto pelos últimos reis ingleses Plantagenetas* como pelos reis franceses Filipe Augusto, Luís VIII e São Luís. Este último, entretanto, dividiu-se, em sua generosidade no capítulo da construção de igrejas, entre as relações estreitas com o arcebispo de Rouen, Eudes Rigaud, e sua atração pelas ordens mendicantes. Como muitas catedrais medievais, a de Rouen só foi acabar no fim do século XV e início do XVI, período em que se construiu especialmente a célebre torre de Beurre (torre de Manteiga), assim chamada por ter sido financiada pelas indulgências da Quaresma que os burgueses comilões compravam.**

Ao lado desse financiamento pelas rendas eclesiásticas de um lado e pelas doações burguesas de outro, o fenômeno que permite em geral a partir do século XIII uma gestão racional do financiamento da construção das catedrais é a aparição de uma instituição *ad hoc* que na França se chamou a fábrica e na Itália a *opera*. A fábrica está encarregada de receber as doações, geralmente irregulares e de montante variável, de garantir o financiamento regular do canteiro, de estabelecer um orçamento que definisse os detalhes das reuniões de bispos mais recentes. Segundo Alain Erlande-Brandenburg, "ela desempenhava o papel de regulador indispensável para tocar as obras e a sequência de um canteiro tão importante [...], tinha de pôr em

---

*Os Plantagenetas constituíram um ramo da casa francesa d'Anjou, que reinou na Inglaterra de 1154 a 1485. Deve seu nome ao conde d'Anjou Geoffroi V, conhecido como o "Plantageneta". Seu filho, Henrique II, tornou-se rei da Inglaterra em 1154, inaugurando a dinastia. (*N. do T.*)

**Compravam, já se vê, para pedir perdão pelos excessos em matéria de comida nos dias anteriores ao período quaresmal de sobriedade. (*N. do T.*)

ordem uma realidade da qual se dizia que funcionava sob grande anarquia".[14] O estudo mais completo consagrado à *opera* de uma catedral italiana foi o que Andrea Giorgi e Stefano Moscadelli consagraram à de Sena em 2005.[15] A *opera de Santa Maria*, de Sena, foi criada de maneira precoce, pois a primeira menção conhecida data de 1190. As doações para a *opera* da catedral assumiram no século XIII a forma de legados testamentários, de doações em dinheiro, mas a base financeira essencial para o funcionamento da construção da catedral foi o monopólio das rendas da cera oferecida à catedral ou por ela comprada. O mais comum era que o produto desse monopólio fosse depositado para a catedral sob forma monetária. Esse privilégio ficou definido com precisão por um texto jurídico, o *Constituto* de 1262. Por fim um patrimônio da *opera* destinado a financiar o canteiro da catedral foi constituído a partir do fim do século XIII. Compreendia os campos e os vinhedos situados fora da cidade, os benefícios advindos do moinho da Ponte di Foiano a partir de 1271, as áreas florestais para o abastecimento de madeira, algumas pedreiras de mármore e, no século XIV, a aquisição sempre crescente de imóveis urbanos. Os documentos permitem afinal medir com precisão a parte dos lucros da *opera* consagrada à remuneração das jornadas de trabalho dos mestres e dos operários.

---

[14]A. Erlande-Brandenburg, *La Cathédrale*, Paris, Fayard, 1989, p. 276.
[15]A. Giorgi, S. Moscadelli, *Construire una cattedrale. L'Opera di Santa Maria di Siena tra XII e XIV secolo* [Construir uma catedral. *A obra de Santa Maria de Sena entre o século XII e o XIV*], Munique, Deutscher Kunstverlag, 2005.

O recurso a novos financiamentos

Para fazerem face às despesas novas e consideráveis de investimento e funcionamento, as cidades eram em geral autorizadas pelo poder real ou senhorial a operar coletas, ou seja, recolher antecipadamente os impostos. No início do século XIV, por exemplo, segundo Charles Petit-Dutaillis, as cidades "eram possuidoras de casas que alugavam para recenseamentos, praças, açougues, fossos, às vezes moinhos e recolhiam todo tipo de pequenos rendimentos [...]. Recolhiam multas, dinheiros senhoriais, taxas para ingresso na burguesia ou em corporação. Punham à venda escritórios municipais, promoções de militares". Mas essa história acrescenta que todas as receitas adicionais não cobriam as despesas permanentes: "Frequentemente", escreve Petit-Dutaillis, "as receitas não alcançavam nem a quinta parte do orçamento. As outras quatro partes provinham, em Amiens por exemplo, de impostos anuais consentidos em princípio pela população e variáveis segundo os lugares." Os conselhos de cidades recorriam então a impostos, fossem cobrados sobre as fortunas — impostos diretos dir-se-ia hoje, em geral denominados "talha" à época —, fossem impostos indiretos, recolhidos principalmente sobre a atividade econômica, sob denominações diversas, mas cujo nome genérico era "ajuda". Em Bruges, no início do século XIV, há três ajudas, conhecidas como *maltôtes*, a *maltôte* do vinho, a da cerveja e a do hidromel (bebida composta de água e mel, como o próprio nome indica). A *maltôte* do vinho era exclusiva para corretores de carga dos navios. Sob as três formas, a *maltôte* produzia até 85% do total das receitas comunais. A dificuldade para conseguir que o contribuinte pagasse esses impostos, que eram muito impopulares, levava frequentemente as cidades ao endividamento. Patrick Boucheron pôde falar da "dialética do empréstimo e do imposto". Os documentos mostram a dívida pública no momento em que as contas urbanas se tornaram disponíveis, em geral na segunda metade do século XIII, em Flandres, na França do Norte e na região conhecida como Empire. Estendeu-se essa dívida no decorrer do século XIV à Itália comunal, à Provença, à Catalunha e ao reino de Valença. Na verdade, esses problemas de despesas e impostos levaram as cidades a desenvolver, à imitação dos comerciantes, uma contabilidade urbana que em geral começa no fim do século XIII, em Ypres em 1267 e em Bruges em 1281. As contas eram estabelecidas sob a responsabilidade dos tesoureiros, em geral pessoas ricas, que em caso de déficit deviam fazer adiantamentos com sua própria fortuna. Não se usava o latim para as prestações de contas comunais, mas, sim, a língua vulgar. E foram dessas contas os primeiros documentos a utilizar o papel comprado nas feiras de Champagne. As contas comunais de Lille foram estabelecidas em papel em 1301 e 1303.

As finanças de uma cidade medieval são em geral organizadas tendo como base uma carta de franquia. Lewis Mumford escreveu: "A carta de franquia era para as cidades a primeira condição para uma economia eficiente." Por exemplo, os célebres Costumes de Lorris tinham estipulado em 1155 que nenhum habitante da paróquia deveria pagar qualquer taxa sobre os consumos destinados a seu uso pessoal nem sobre o grão produto de seu trabalho, nem tinha de pagar pedágio em Etampes, Orléans, Milly ou Melun.

Com o crescimento de poderes centralizados, como o condado de Flandres ou o reino da França, as finanças urbanas foram cada vez mais controladas. Condes e reis se esforçaram para instituir orçamentos nos quais, quando o texto se conservou até nós, é difícil saber o que corresponde a dinheiro real ou a uma simples avaliação. Um dos esforços mais espetaculares de controle das finanças urbanas foi a ordenação que a pedido do conde Guy de Dampierre o rei da França Filipe, o Ousado, estabeleceu em 1279. Determinava essa ordenação que os oficiais municipais de todas as cidades flamengas prestassem conta anualmente da gestão de suas finanças perante o conde ou seu representante e na presença de todos os habitantes interessados, especialmente representantes do povo e da comunidade burguesa.

Assim a presença do dinheiro ficou cada vez mais forte na cidade medieval. Se os burgueses têm como primeira ambição serem livres e em particular administrar-se a si próprios, seus outros cuidados principais ligam-se à manipulação do dinheiro. Se bem que o burguês não fosse estranho ao sistema feudal, em particular fornecendo no mercado urbano ao senhor e aos camponeses que dele dependiam o dinheiro de que tinham necessidade (primeiro para suas despesas de luxo e prestígio, depois para pagar ao senhor uma parte das rendas e para comprar produtos de primeira necessidade que não achavam no campo), o burguês, dizíamos, começa, para seu conforto e seu prestígio, a obedecer ao desejo de enriquecer. Por outro lado, emprega frequentemente servidores e subordinados que remuneram cada vez mais por meio de salários em dinheiro, como demonstra Bronislaw Geremek em relação a Paris. Esses recursos em dinheiro, Roberto Lopez explicou muito bem, provinham essencialmente do comércio e da indústria. É evidente que só as grandes cidades, nas quais se praticava o grande comércio, podiam recorrer amplamente e sempre mais ao dinheiro corrente no século XIII. Os produtos do grande comércio eram os grãos, o vinho, o sal, os couros e as peles, os tecidos de qualidade, os minerais e os metais. Porém, começaram a ser influenciadas pelo crescimento do uso do dinheiro até cidades de tamanho médio como Laon (da qual se poderá dizer que foi "uma capital do vinho" como Rouen). Laon era um grande porto de exportação de vinho graças aos privilégios concedidos a esse terminal pelos reis da Inglaterra na segunda metade do século XII — e que os reis da França prolongaram pelo século XIII —, ou como Limoges, onde uma rua era destinada aos cambistas de moeda, a rua das Prisões (mesas).

Os efeitos sociais do crescimento monetário

Outra fonte de circulação do dinheiro na cidade liga-se ao consumo. Retomo a velha definição do grande historiador alemão Sombart: "Cidade é toda aglomeração de homens que dependem para sua subsistência dos produtos da agricultura exterior", e cada vez mais esses produtos são adquiridos pelos habitantes das cidades com dinheiro. Um historiador mais recente, David Nicolas, que estabeleceu com precisão o papel do consumo no progresso das cidades flamengas, observa em primeiro lugar que Flandres "não tinha suficiência para garantir a subsistência de suas próprias cidades" e que, para se alimentar, as grandes cidades tinham sempre mais que garantir o controle das fontes de abastecimento de cereais que desejavam manter ao abrigo das altas dos grãos, fornecidos pelas pequenas aglomerações regionais nos casos frequentes de penúria. Essa situação mostra que não há necessidade, repito, na Idade Média de opor uma economia rural, que funcionaria em torno do dinheiro, e uma economia urbana, que seria exterior em relação ao funcionamento da economia do campo, considerada uma economia feudal não monetária. Seguem-se flutuações de preços, das quais voltarei a falar, que fazem a economia medieval, e sobretudo a economia urbana, entrar no sistema de preços característico da economia-dinheiro, ainda quando o preço indicado por nossas fontes não corresponda a dinheiro concreto, sendo apenas uma referência fiduciária. Esse uso da moeda na cidade não se limita às camadas superiores da população urbana, da burguesia. Pode-se estimar que muita gente pobre de Gand destinava no meio do século XIV quase a metade de seu salário apenas à compra de grãos e de 60% a 80% de seu orçamento a despesas alimentares. Também é preciso notar que os homens da Idade Média, e isso se via particularmente na cidade, consumiam uma quantidade espantosa de carne. É um fenômeno cultural e econômico cujas razões ainda não estão bem esclarecidas. Com isso, o número e o poder dos açougueiros nas cidades medievais os farão a um tempo ricos, poderosos e desprezados. Assim, em Toulouse, em 1322, havia 177 açougueiros para no máximo 40 mil habitantes, ou seja, um açougueiro para cada 266 habitantes, enquanto que em 1953 a cidade contava 285 mil habitantes e 480 açougueiros, passando a proporção a ser de um açougueiro para 594 habitantes.

Da circulação e do uso do dinheiro dependia em boa parte a estrutura da sociedade urbana. É principalmente nesse quadro que aparece — assim a viam os olhos dos homens do século XIII — a desigualdade social nas cidades. E assim a fortuna monetária assume um lugar sempre maior na importância de que dispunham os poderosos. O século XIII foi o século do patriciado, conjunto de famílias superiores às outras e dispondo de uma grande parte do poder. Os patrícios tornaram-se cada vez mais ricos, de uma riqueza cujas três principais fontes eram: primeiro, uma riqueza tradicional, consistindo na posse de terras fora da cidade e de casas no interior; a segunda originava-se, no caso dos principais dentre eles, do comércio; mas uma terceira fonte vinha de seus privilégios e de suas práticas fiscais. Os burgueses ricos conseguiam escapar ao pagamento das ajudas, isto é, dos impostos indiretos. Calculou-se que em Amiens os 670 habitantes mais abastados, representantes de uma quarta parte da população, não pagavam mais do que uma oitava parte da ajuda sobre o vinho. O dinheiro passa a constituir-se em componente notável nos tratados de natureza jurídica que se multiplicaram no decorrer do século XIII, período em que reinava o direito romano, em cujo contexto estabeleceu-se o direito canônico e que inclui o direito consuetudinário. No capítulo L de "Sobre as pessoas das boas cidades", nos *Costumes do condado de Clermont-en-Beauvaisis*, concluído em 1283, Philippe de Beaumanoir, juiz local, escreve: "Muitos conflitos nascem nas boas cidades tendo como causa comum a *talha*, pois acontece frequentemente que os ricos que dirigem os negócios da cidade declaram menos do que deveriam em relação a eles próprios e a seus parentes e isentam [desse imposto] os demais homens ricos como meio de isentar a si próprios e, assim, todas as despesas recaem sobre a comunidade dos pobres."

Foi possível dizer que "as finanças foram o calcanhar de aquiles das comunidades urbanas. Os burgueses, dirigentes das cidades, que eram quase sempre comerciantes e administradores das finanças, tinham aprendido nesse século XIII, que é também o século do progresso do número e do cálculo, a contar bem". E também a enriquecer bem, beneficiando-se da circulação monetária e promovendo-a.

De todo modo ainda é difícil falar de ricos *stricto sensu*, mais difícil ainda de capitalistas — voltarei a isso. Essas pessoas permanecem sendo os "poderosos" e este é também o caso dos comerciantes e banqueiros italianos estudados em particular por Armando Sapori e Yves Renouard. Darei um exemplo célebre sobre o qual Georges Espinas escreveu um livro clássico, mas a meu ver anacrônico, *Les Origines du capitalisme*. Trata-se de um comerciante que negociava com panos em Douai* no fim do século XIII, *sire* Jehan Boinebroke. Espinas valorizou principalmente a dominação de Boinebroke sobre os humildes da cidade, e sem dúvida a primeira causa do poder de tal personagem vem do fato de que tem dinheiro, que o empresta e que exige sem piedade valores indevidamente majorados de seus devedores. Mas não apenas isso, seu poder também se alicerça em outras bases. Ele emprega, por sua conta, em sua casa ou na casa dessas pessoas mesmo, operários e operárias "aos quais paga pouco, mal ou nada", praticando o *truck system*, o pagamento em alimentos, o que demonstra também que a vida econômica e social ainda não está inteiramente monetarizada. Boinebroke também é dono de numerosos alojamentos onde moram seus operários, seus clientes e fornecedores, dos quais a dependência em relação a ele assim se torna ainda maior. Observe-se que numa cidade como Lübeck,** fundada no século XII, grande centro da Hansa, as construções econômicas, celeiros,

---

*Douai surgiu, na Idade Média, como nova denominação de uma parte do aglomerado urbano de Lens, na região de Pas de Calais, às margens do canal da Mancha. (N. do T.)
**Cidade alemã, como se vê por se tratar do principal centro da Hansa. Fica perto do Báltico. Em 1535, depois de uma derrota para a Dinamarca, deixou de ser a cabeça da Hansa. (N. do T.)

lojas, lagares, fornos, mercados pertencem a um pequeno número de grandes negociantes. Dispõe Boinebroke, afinal, sem contemplação, da dominação política e da força que depende disso. O desenvolvimento do operariado e do papel do dinheiro nas cidades é uma das principais causas das greves e motins que surgem aproximadamente a partir de 1280. Exatamente em 1280, Jehan Boinebroke torna-se oficial da municipalidade e, junto a seus colegas da mesma categoria social, reprimiu "com cruel energia" uma greve dos tecelões desenvolvida com violência.

A partir do fim do século XII observa-se a sensibilidade cada vez maior do habitante das cidades quanto ao valor do tempo. Vê-se despontar a ideia de que tempo é dinheiro. Cresce principalmente, no século XIII, o valor econômico, monetário mesmo, do trabalho, inclusive do trabalho manual. O desenvolvimento do operariado urbano vem daí, certamente. "Todo trabalho merece salário": essa frase do Evangelho de Lucas (Luc 10, 7) é cada vez mais citada. Cunhar moeda é, entretanto, um direito que as comunidades urbanas não terão praticamente nunca, um direito que sempre permaneceu exclusivamente senhorial e realengo. Mas, para assegurarem, o bom funcionamento da economia e preservar seus bens, os burgueses reclamarão dos senhores por todo o decorrer do século XIII uma garantia de estabilidade da sua moeda, como se viu em Narbonne.

Antes de deixar as cidades onde o dinheiro chegou ao apogeu ao longo do século XIII, chamemos a atenção para um fenômeno social maior, ao lado da oposição entre ricos e pobres, um aspecto secundário, mas significativo e inesperado. Trata-se da ascensão de algumas mulheres à movimentação do dinheiro e até mesmo da riqueza. Lê-se isso em documentação preciosíssima para a cidade de Paris do início do século XIV: os livros de registro do principal imposto urbano que foi a talha em determinados anos. Uma das riquezas da economia parisiense era a exploração das carreiras de gipsita (sulfato de cal, isso é, gesso) utilizadas para a construção, nas quais sobreviveram à Idade Média por muito tempo as plantações de cogumelos. Tendo mulheres como proprietárias, as chamadas gessistas, essas plantações de cogumelos estavam entre as grandes pagadoras parisienses de impostos no início do século XIV. Assim, a senhora Marie la Plâtrière (isto é, Maria Gessista, aquela que lida com gesso) e seus dois filhos pagavam impostos de quatro libras e doze centavos. Mais modestamente, Houdée la Plâtrière foi taxada a quatro centavos e Ysabel la Plâtrière a três centavos. E outras como elas — isso permitiu a Jean Gimpel escrever, não sem certo exagero, que "o papel da mulher no sucesso da cruzada das catedrais foi decisivo".[16]

---

[16] J. Gimpel, *Les Bâtisseurs de cathédrales* [*Os construtores de catedrais*], Paris, Seuil, 1958, nova edição em 1980.

5. Trocas, dinheiro, moeda na revolução comercial do século XIII[17]

A maior parte dos medievalistas está de acordo em considerar que o Ocidente do longo século XIII conheceu um desenvolvimento do comércio exterior e interior que permite falar em "revolução comercial". Já fiz alusão a isso. Gostaria de voltar às ligações entre o dinheiro e essa revolução porque seu significado vai muito além do aspecto apenas econômico. O margrave* Otto de Meissen, de cujo tesouro os boêmios se apoderaram em 1189, representa neste caso uma figura emblemática. Otto de Meissen carregava como aposto "o rico", e, excepcionalmente, o termo exprimia antes a fortuna que o poder. Anais da época avaliam sua

---

[17]Inspiro-me muito nestas páginas na já citada obra de Peter Spufford, *Money and its Use in Medieval Europe* [Dinheiro e seu uso na Europa Medieval], Cambridge, 1988, ainda que considere essa obra de inspiração muito "monetarista".
*Oficial de fronteira (cargo que poderia ser ocupado por um civil ou por um militar) da Alemanha, na época. (*N. do T.*)

riqueza no ano de 1189 em mais de 30 mil marcos de prata, principalmente sob a forma de lingotes de prata. Estima-se que esse tesouro tivesse sido transformado em pequenas moedas do tipo mais comum na época naquela parte da Alemanha, o *pfennig*. Essa operação teria produzido cerca de 10 milhões de *pfennigs*. O emprego dado por ele a uma parte dessas riquezas ilustra a atitude mais comum dos ricos da época em relação ao dinheiro: investiu uma parte na compra de terras e subvencionou a construção de novas muralhas cercando Leipzig, Eisenberg, Oschatz, Weissenfels e Freiberg, onde estava situada a principal mina. Por fim, depositou 3 mil marcos de prata no mosteiro de Zella para que fossem distribuídos pelas igrejas das proximidades com o objetivo de salvação de sua alma. Esse comportamento é exemplar, mostra os principais usos do dinheiro no século XIII e a mentalidade dos que adquiriam e possuíam uma grande quantidade dele. Em primeiro lugar, numa sociedade de economia fundada essencialmente sobre a terra, a riqueza fundiária era o principal objetivo; depois, num período de progresso das cidades, o cuidado com a segurança delas era sempre crescente e, afinal, o dinheiro, que poderia arrastar o margrave para o inferno, foi empregado em obras piedosas, podendo, ao contrário, contribuir para a salvação dele.

A exploração das minas

De um modo geral, o aumento da difusão das moedas para responder ao impulso do comércio foi possível pela produção mais intensa de novas minas de prata. Essa produtividade das minas de metal argentífero na Europa do século XIII não atingiu, todavia, o nível a que chegaria no decorrer dos séculos XIV e XV. Mas atingiu o nível a que foi alçada graças aos progressos técnicos vindos em geral da Alemanha e às vezes desenvolvidos diretamente pelos mineiros alemães: assim, na Inglaterra, a mina de Carlisle foi dirigida pelo alemães de 1166 a 1178, e dezoito mineiros alemães são contados na Sardenha em 1160. Uma parte notável da prata extraída dessas jazidas tinha Veneza como ponto terminal, dados o poder financeiro da cidade e a presença dos alemães na *Fondaco dei Tedeschi* [Loja dos Alemães], mas o Templo* em Paris era abastecido em parte pelo dinheiro da mina de Orzals em Rouergue (sul da França).

Entre as minas novamente ou por mais tempo exploradas, as principais foram as de Goslar, que forneceram a matéria essencial para o estudo dos minerais feitos por Alberto Magno, o grande teólogo e naturalista dominicano do século XIII, em seu tratado *De mineralibus*.[18] Depois de Goslar, devem-se citar Freiberg, Friesach, no Tirol; Jihlava, na Morávia; e na Itália as minas de Montieri, perto de Sena, e as de Volterra; na Sardenha, as minas de Iglesias, sobre as quais a influência principal era de Pisa. Em 1257, um navio de Pisa transportando 20 mil marcos de prata, quer dizer, cerca de cinco toneladas, foi apresado pelos

---

*Nome simplificado da Ordem dos Templários, organização de cavaleiros de caráter religioso e guerreiro fundada em 1119 inicialmente com o objetivo de buscar o Santo Graal, em Jerusalém. Os templários acabaram milionários e foram os banqueiros do papa e de numerosos príncipes. Filipe, o Belo, rei de França de 1285 a 1314, apoderou-se dos bens da organização em 1307 e prendeu 138 de seus integrantes, que morreram na fogueira em 1314, ao fim do processo que os condenou. A ordem tinha sido suprimida em 1312, em ato do papa Clemente V, sob instigação de Filipe, o Belo. (N. do T.)

[18] Esse tratado de Alberto Magno foi traduzido para o inglês e editado por Dorothy Wyckoff (Oxford, Clarendon, 1967).

genoveses que as empregaram na ampliação de seu arsenal. No século XIII também se descobriram novas minas de prata na Inglaterra, em Devon. A posse e exploração dessas terras foram objeto de numerosos litígios. Os margraves de Meissen (cidade alemã do Saxe, às margens do Elba) asseguraram para si firmemente e durante muito tempo o domínio sobre as minas de Freiberg, como os bispos de Volterra (cidade da Toscana) garantiram a exploração das minas de Montieri. Na Toscana e na Sardenha dominada pelos ricos de Pisa, as minas caíram sob a posse de companhias que pagaram operários para trabalharem como mineiros, da mesma forma que as *compagnie di fatto d'argentiera* em Montiere e as *communitates fovee** em Massa (também na Toscana). O rei da Inglaterra durante certo tempo tentou explorar diretamente as minas de Devon, mas também teve de se conformar e conceder a exploração aos empreendedores. De resto, sobretudo na Itália, os mineiros mantiveram mão forte sobre as companhias explorando as minas onde trabalhavam, assim como na agricultura alguns camponeses mantiveram ou conquistaram sua independência como exploradores de terras eles próprios, ou donos. Foi nas minas que surgiu pela primeira vez o que se veria depois na indústria: operários praticando a autogestão.

**Comunidades de escavação* (provavelmente haverá uma pequena distorção em *fovee*, pois, por se tratar de um genitivo singular da 1ª declinação, a forma deve ser *foveae*; entretanto, é possível que não haja distorção alguma e *fovee* seja uma forma do latim medieval, que é um latim clássico com alguma "corrupção", para usar um termo de Camões ao estabelecer uma relação português/latim nos *Lusíadas*). (N. do T.)

A circulação do dinheiro na Europa

Peter Spufford tentou estabelecer o balanço do século XIII quanto ao peso respectivo do uso de moedas nas diversas partes da Europa (o que se chama a balança dos pagamentos) e medir a movimentação do dinheiro. Entre os documentos em que se apoiou, incluindo-se as fontes literárias, os tesouros chegados até nós e as listas das peças de moedas, figuram dois textos que datam do fim do período, mas são, de qualquer maneira, o resumo e o produto. Trata-se dos dois primeiros manuais de comércio e de moedas redigidos pelos comerciantes. Um deles tem por autor um veneziano, Zibaldone da Canal, que redigiu por volta de 1320 um caderno de notas; o segundo, mais estruturado, aproxima-se de um verdadeiro tratado, é o *Pratica della mercatura*, do comerciante florentino Francesco Pegolotti, redigido por volta de 1340.

Em 1228 os venezianos construíram sobre o Grande Canal um edifício para hospedar os comerciantes alemães, o já citado *Fondaco dei Tedeschi*, e essa fundação favoreceu uma chegada crescente de alemães, que traziam com eles as moedas das minas alemãs, as mais produtivas da época. Zibaldone observa antes de tudo que a cunhagem da moeda em Veneza foi essencialmente alimentada por *"L'arçento che vien d'Alemagna"*. Da Alemanha, o dinheiro não era exportado apenas para a Itália, mas chegava também à Renânia, ao sul dos Países Baixos e à Champagne, de onde se espalhava pela França, essencialmente para permitir a compra de alimentos. Chegou à Île-de-France nos anos 1190. Uma parte desse dinheiro foi levada pelos comerciantes hanseáticos, seja para leste, através do Báltico, seja para oeste, sobretudo para a Inglaterra. Um documento de

1242 mostra que Londres recebia dinheiro maciçamente de Flandres e, em particular, de Colônia e de Bruxelas.

A monarquia francesa, reforçando-se durante o século XIII e especificamente fazendo com que seu braço se esticasse até as feiras de Champagne graças ao casamento do futuro Filipe, o Belo, com Joana de Champagne em 1284, transformou a França em grande exportadora de moedas, em particular para a Itália. Em 1296, uma terça parte das taxas cobradas pelo papado na Toscana era composta de moedas francesas. A circulação de dinheiro entre a Itália e o norte da Europa foi incentivada no fim do século XIII pela abertura de rotas marítimas regulares organizadas a partir de Gênova, Veneza e Pisa, e o dinheiro sob a forma de lingotes ou de peças de moeda foi uma das principais mercadorias transportadas. Segundo o número e a frequência dessa movimentação de navios, uma cidade como Bruges conhecia, por exemplo, em junho e em dezembro, uma *stretezza*, uma penúria de dinheiro, e ao contrário, em agosto e em setembro, uma *larghezza*, vale dizer, uma abundância.

O autor da *Pratica della mercatura*, Francesco Pegolotti, é ele próprio um exemplo de um empregado de banco agindo no quadro institucional e geográfico nascido do longo século XIII do dinheiro. Era ele o representante no estrangeiro do célebre banco florentino dos Bardi. Dirigiu a sucursal de Antuérpia de 1315 a 1317, a de Londres de 1317 a 1321, depois a de Famagusta, na ilha de Chipre. Sua atividade estava fortemente ligada ao comércio de certos gêneros alimentícios, a peles, ao cobre de Goslar e à lã da Inglaterra, passando por Veneza, esturjões salgados vendidos em Antuérpia, carbonato de cobre azul trocado por moeda em Alexandria. A Toscana era amplamente alimentada por dinheiro (metal) chegado seja da Europa central, fosse de Montieri, na própria Toscana, fosse de Iglesias, na Sardenha (o dinheiro sardo era especialmente adquirido por Pisa). Os toscanos, monetizando o dinheiro assim adquirido, davam-lhe mais valor, seja revendendo-o claramente por um preço mais caro do que tinha sido adquirido, seja investindo-o em produtos manufaturados como a seda fabricada em Lucca. Os milaneses valorizavam também o dinheiro em lingotes que compravam financiando manufaturas de metal e tecido de algodão.

Além dessas trocas entre a Itália e a Europa do Norte, outras correntes comerciais se desenvolveram entre a Itália do Norte e a Toscana no sentido do Oriente — Constantinopla, Palestina, Egito. O dinheiro europeu era uma mercadoria e uma fonte de financiamento para os estabelecimentos comparáveis aos *fonduks* estabelecidos pelos orientais em Veneza, em Acre e em Alexandria. No século XIII, as principais moedas exportadas para o Oriente eram os esterlinos ingleses, os denários torneses* franceses e uma moeda veneziana a que os franceses chamavam *gros*. O aumento da quantidade de moeda era uma consequência direta do volume crescente das exportações e reexportações dos produtos orientais na Europa, operadas pelos italianos. Duas importações do Oriente para o Ocidente adquiriram particular importância, o algodão da Síria do Norte e as especiarias vindas da Índia e da Arábia. Gente de Pisa, Veneza e Gênova estabelecida em Alexandria, Damieta,** Alepo e Acre assegurava o

---

*Moeda cunhada em Tours, cidade francesa à margem do Loire. (N. do T.)
**Cidade egípcia, perto do Mediterrâneo: São Luís (Luís IX) a conquistou quando comandava a sétima cruzada, em 1249. Depois, capturado, entregou-a como resgate. (N. do T.)

transporte do Oriente para o Ocidente. O dinheiro ocidental também financiou o comércio dos produtos orientais que atravessavam longuíssimas distâncias. Se aquisições em regiões relativamente próximas, como a Rússia para as peles e a Ásia Menor para a pedra-ume alimentaram esse comércio, no século XIII compraram-se seda na China, especiarias e pedras preciosas nas Índias orientais, e pérolas no Golfo Pérsico. Entrevê-se aqui que uma das razões da maior difusão do dinheiro no ou pelo Ocidente do século XIII foi também o desenvolvimento do luxo na sociedade ocidental, senhorial e principalmente urbana, na camada superior dos burgueses.

A religião também favoreceu o uso do dinheiro no decorrer desse período. A primeira causa foi o desenvolvimento do Estado pontifício de que falarei mais adiante e que suscitou a indignação de muitos cristãos, em particular entre os franciscanos e os que os ouviam. Ao mesmo tempo, circularam ásperos textos críticos sobre essa propensão ao dinheiro do papado, particularmente no fim do século XII e início do XIII, como os romances satíricos *O besante de Deus* e *O romance de "carité"* e mais ainda, em tom de paródia, *Evangelho segundo o marco de prata*.* O papado instalado em Avignon no início do século XIV aproveitou-se da posição geográfica dessa cidade, mais central do que Roma [numa relação com a Europa], para dar um peso maior a seu

---

*Besante era uma moeda bizantina, como o nome não esconde, que circulou no tempo das cruzadas, marco era um peso-padrão (244,5 gramas) utilizado em Paris por essa época. Quanto a "carité", no título do segundo dos romances citados, não consta de nenhum dos dicionários habitualmente consultados, nem mesmo os mais completos e respeitados, sobretudo quanto a assuntos franceses, como o *Grand Larousse encyclopédique* (ed. 1963). A palavra tem toda a aparência de enraizar-se no lat. *caritate* (abl. de *caritas, -atis*), à maneira de *charité*, mas nesse terreno não basta a aparência para que se afirme alguma coisa. (N. do T.)

sistema de antecipação financeira sobre a Igreja e os cristãos da Europa. Sob o pontificado de João XXII (1316-1334), os rendimentos da Santa Sé se elevaram em média a 228 mil florins florentinos por ano. Essa cifra parece enorme e, sem conhecê-la com precisão, muitos cristãos imaginando a riqueza do papado viram nele um adorador mais de Mamon do que de Deus. Entretanto, esse rendimento era inferior ao do governo comunal de Florença e representava menos da metade do rendimento dos reis de França e Inglaterra à mesma época. Apesar da importância desses fundos, que permitiram especialmente a construção do Palácio dos Papas em Avignon, é preciso observar que uma parte importante dos rendimentos da Câmara Apostólica ia para a Itália, porque o papado, lá, estava frequentemente envolvido em complicadas guerras. De resto, a guerra suscitou na Idade Média, como se verá, gordos benefícios financeiros com mais frequência sob forma monetária. Desde o fim do século XIII, a guerra franco-inglesa na Gasconha, prólogo da futura Guerra dos Cem Anos, exigiu consideráveis despesas da parte dos reis de Inglaterra e França. Eduardo I, por exemplo, viu serem consumidos com essa guerra, entre 1294 e 1298, a quantia de 750 mil libras esterlinas para pagar suas tropas, garantir a defesa da Gasconha contra Filipe, o Belo, e também comprar a participação ao seu lado ou a neutralidade de muitos senhores franceses. Voltando a Avignon, é preciso acrescentar ao dinheiro levantado e gasto pela Câmara Apostólica as rendas e as despesas dos cardeais da cúria, que assumiram proporções elevadíssimas. Outra despesa ligada à religião durante o longo século XIII foi o financiamento das últimas cruzadas. Por fim, o crescimento das romarias — as de média distância, como a de Rocamadour na França Meridional e mais ainda a de Santiago de Compostela, cada vez mais frequentada por peregrinos viajando de toda a Europa, sem exclusão da Escandinávia e dos países eslavos — drenou grandes quantias de dinheiro.

Entre os franceses, o início das aventuras na Itália, das quais São Luís se recusou a participar, mas que atraíram seu irmão Charles d'Anjou, e mais tarde seu sobrinho-neto Charles de Valois, assim como ricos senhores franceses, renovou a antecipação financeira que as cruzadas provocaram sobre a sociedade real e senhorial francesa. O horizonte italiano que começou a substituir o horizonte palestiniano prolongou e desenvolveu a sangria da riqueza francesa. Durante esse século XIII, a Inglaterra conheceu outros levantamentos de dinheiro por parte da Alemanha. Esses levantamentos resultaram no início do século XIII em importante sustentáculo financeiro aportado pelo rei da Inglaterra João-Sem-Terra para seu cunhado o imperador Oto IV, o vencido de Bouvines.* Henrique III, casando sua irmã Isabel com o imperador Frederico II, não apenas gastou o total de um dote elevadíssimo, mas levou um apoio financeiro importante ao imperador, então participando de operações difíceis na Alemanha e nas Duas Sicílias. Um exemplo dessa sangria da riqueza inglesa pelos alemães foi fornecido pelo arcebispo de Colônia, que, enriquecido pelos ingleses, os quais buscavam seu sustentáculo político, em 1214, enviou a Roma quinhentos marcos, a maior parte dos quais em libras

---

*O vitorioso de Bouvines (1214) foi Filipe Augusto, rei de França (avô de São Luís), que tinha por trás de si as milícias comunais. Entre os derrotados, além de João-Sem-Terra e do imperador germânico Oto IV, estava o conde de Flandres. Essa vitória estabeleceu em definitivo a superioridade da realeza capetiana sobre os grandes vassalos. (N. do T.)

esterlinas. Durante o mesmo período o uso do dinheiro na Inglaterra foi altamente perturbado pela entrada em circulação de falsas libras esterlinas cunhadas no continente.

Enquanto a cunhagem do dinheiro se intensificava na Europa, a do ouro se desenvolvia na África, de onde as exportações para a Europa (as partes mais importantes iam para o Oriente) eram lá entesouradas, mas não transformadas em moeda. O ouro africano, batizado de "ouro do Sudão", era explorado principalmente no sul do Marrocos, norte do Saara, uma região cujo centro principal era Sidjilmasa, fundada no século VIII, quando o caminho transaariano foi aberto. Esse ouro era essencialmente importado em forma de pó, quer dizer, ouro nativo em grão finíssimo. Uma parte menor do ouro africano era enviada de Tombucto* sob a forma de lingotes, mas o essencial era transformado em moeda de ouro a partir de cunhagens feitas nas oficinas monetárias muçulmanas na África do Norte. Uma parte ia para o califado muçulmano de Córdoba, na Espanha, penetrando em pequena parte na vizinha Espanha cristã e em particular na Catalunha. Quando o último dos soberanos almorávidas da Espanha, Mohamed ben Saad, parou de cunhar moedas de ouro em Múrcia, em 1170, o rei de Castela Afonso VIII começou a cunhagem em Toledo de suas próprias moedas, chamadas morabetinos ou maravedis, alguns dos quais, adquiridos por comerciantes italianos, chegaram à Itália do Norte, mas, como se verá mais adiante, no meio do século XIII o ouro do Saara deixou completamente de chegar aos países cristãos, que tinham retomado a cunhagem do ouro interrompida por Carlos Magno.

---

*Cidade do Mali, perto do rio Níger, fundada em 1100. Cedo tornou-se um grande centro comercial. (N. do T.)

Cunhagem, fundições e espécies monetárias

Na Europa, em razão da exploração das novas minas de prata ou de chumbo argentífero citada mais atrás, quantidades de prata monetizada, crescendo muito, puseram-se a circular. A grande região mineira de Freiberg, no Saxe, ao pé do maciço de Erzgebirge, Alemanha, contava em 1130 com apenas nove oficinas monetárias. Em 1198 essas oficinas já eram 25 e em 1250 chegaram a 40. O mesmo impulso se observa na Itália, em particular na Toscana, onde estavam as minas de Montieri e outras colinas metalíferas. Por volta de 1135, só havia uma oficina monetária toscana em Lucca. No meado do século abriram-se oficinas em Pisa e em Volterra. Aí por 1180, uma nova oficina foi aberta em Sena e veio a se tornar a origem de um futuro próspero para a cidade. No último decênio do século XIII foi a vez de Arezzo, depois de Florença. De todas as moedas cunhadas nessas oficinas, as que dominaram e tiveram a mais ampla circulação foram os denários de Pisa. Houve o mesmo progresso monetário na Itália do Norte. Depois das antigas oficinas de Milão, Pavia e Verona esse avanço se estendeu de 1138 a 1200 a Gênova, Asti, Piacenza, Cremona, Ancona, Brescia, Bolonha, Ferrara e, já em território francês, a Menton. No Lácio, onde não havia mais do que quatro oficinas em 1130, contavam-se vinte e seis em 1200, e na própria cidade de Roma funcionava uma oficina.

Na França, as principais regiões em que se instalaram oficinas monetárias foram Artois e sobretudo o Languedoc, especialmente sob o incentivo dos bispos de Maguelonne, assim como dos condes de Melgueil — e as moedas produzidas sob a ação destes últimos ultrapassaram até os Pireneus. Na França do Centro, sem que aí houvesse muitas criações de novas moedas, a quantidade das principais em circulação cresceu consideravelmente, o que se deu, por exemplo, com os denários torneses cunhados pelo pároco de Saint-Martin de Tours, os *parisis*, cunhados pelos reis, e os *provinois**, cunhados pelos condes de Champagne, cujas terras foram anexadas ao domínio real no fim do século XIII.

Na região renana dominaram os *pfennigs* de Colônia, enquanto que as cunhagens monetárias dos Países Baixos, a partir da segunda metade do século XIII, concentraram-se nas cidades belgas de Bruges e Gand. Na Inglaterra, dominavam as grandes oficinas de Londres e de Canterbury,** mas um grande número de lugarejos produtores de moedas foi aberto por ocasião da retomada das cunhagens em série de 1248-1250, 1279-1281 e 1300-1302. Assinalemos, por fim, na Boêmia, o extraordinário avanço de Kutna Hora.

O desenvolvimento dessas novas oficinas trouxe uma reorganização e um crescimento do pessoal compreendendo simultaneamente os dirigentes, mestres e controladores, técnicos e operários. Essas oficinas vieram a se tornar, no século XIII, novas manufaturas que apareceram um pouco por toda a parte nas cidades. Por isso os grandes senhores e principalmente os soberanos esforçaram-se para controlar a cunhagem de moedas nas oficinas sob sua dominação direta. Foi, na França, o caso de Filipe Augusto. Em Veneza, o fim

---

*É o adjetivo pátrio referente à pequena cidade de Provins, no departamento de Seine-et-Marne, região de Île-de-France (na qual está Paris). (N. do T.)
**Há quem use a tradução Cantuária, sobretudo em Portugal. Prefiro, porém, usar o original, uma vez que Cantuária é forma de emprego mais raro no português do Brasil. Note-se que caso semelhante se dá em francês, uma vez que o próprio Autor, Jacques Le Goff, despreza o uso do francês Cantorbéry para ficar com Canterbury. (N. do T.)

do século XII e início do século XIII foram marcados pelos esforços não poucas vezes coroados de sucesso dos doges da República no sentido de se livrarem da ingerência imperial na cunhagem de moedas. Lembremos que os homens da Idade Média tinham herdado do latim os dois sentidos do termo *ratio*. A palavra, de fato, designava mesmo a razão, mas também o cálculo. O aperfeiçoamento da cunhagem e a difusão da moeda no século XIII reforçaram o emprego do termo em seu segundo sentido e ao mesmo tempo fizeram progredir harmoniosamente racionalização e cálculo. O dinheiro foi um instrumento de racionalização.[19] Em Veneza e em Florença, a direção das oficinas monetárias tinha alguma coisa em comum com o exercício de uma magistratura de serviço público. Os responsáveis pelas oficinas de moedas reais na França eram arrendatários que assinavam um contrato com as autoridades monetárias pelo qual definiam as quantidades a serem cunhadas. A parte de benefício dividia-se entre o responsável e o rei, assim como as condições técnicas e a margem de perda prevista na fabricação. Cada operação era objeto de numerosos controles — pesagem, experimentação — e impunha a apresentação de registros (a maioria dos quais infelizmente não chegou até nós) por parte dos responsáveis ou seus ajudantes e os guardas, estes representando a autoridade real.

As somas de dinheiro assim postas em circulação aumentaram de modo considerável, pelo menos nos casos em que pudemos — o que lamentavelmente foi um fato raro — dispor de documentos que nos permitissem calcular o montante. Em

---

[19]Ver a notável e muito esclarecedora obra de Alexander Murray *Reason and Society in the Middle Ages* [Razão e sociedade na Idade Média], Oxford, 1978.

1247-1250, as oficinas de Londres e de Canterbury produziram cerca de 70 milhões de novos *pennies* valendo 300 mil libras. É provável que no meado do século XIII circulassem na Inglaterra cerca de 100 milhões de *pennies* valendo 400 mil libras. Uma geração mais tarde, em 1279-1281, essas mesmas oficinas cunhavam 120 milhões de novos *pennies* valendo cerca de 500 milhões de libras esterlinas. Vimos que Eduardo I pudera mobilizar 750 milhões de libras para a guerra da Gasconha.

Na França, nos anos 1309-1312, em relação aos quais subsistem contas, a oficina de Paris cunhou mensalmente 13.200 libras tornesas, as de Montreuil-Bonnin, 7 mil, a de Toulouse, 4.700, a de Sommières-Montpellier, 4.500, a de Rouen, 4 mil, a de Saint-Pourçain, 3 mil, a de Troyes, 2.800 e a de Tournai, 2.300 libras tornesas. Por fim, os principais governantes dispondo de um monopólio, efetivo ou teórico, sobre a cunhagem da moeda, puseram-se no decorrer do século XIII a alugar pelo menos uma parte da fabricação de moeda a mestres moedeiros. A oficina de Montreuil-Bonnin, desse modo, foi alugada em 1253 pelo irmão de São Luís, Afonso de Poitiers, para uma cunhagem de 8 milhões de denários. Outro irmão de São Luís, Charles d'Anjou, alugou por um período de cinco anos sua oficina para uma cunhagem de 30 milhões de denários torneses. Os personagens que assumiam firmemente essas cunhagens de moedas não eram sempre os mestres moedeiros das oficinas, mas também empreendedores estrangeiros, por exemplo, e mais e mais lombardos, isto é, comerciantes e banqueiros da Itália do Norte. Em 1305, a oficina de Périgord foi alugada para a cunhagem de 30 milhões de tornesas durante cinco anos para dois empreendedores florentinos.

Esse desenvolvimento da cunhagem de moeda em muitos países europeus no século XIII não impediu o uso de lingotes de metais preciosos para os pagamentos importantes, tanto local como internacionalmente. Como se deu com a moeda, a circulação desses lingotes cresceu consideravelmente no século XIV. Quando essa circulação de lingotes chegar a Avignon, o papado fará com que as igrejas de diversas partes da Europa enviem as somas devidas sob a forma de lingotes, cujo transporte é mais fácil que o da moeda. Assim, sob o pontificado de João XXII (1316-1334), a remessa de lingotes de prata para Avignon foi considerável a ponto de que, na morte do papa, pôde-se contar que ele tinha recebido durante seu pontificado mais de 4.800 marcos de prata, ou seja, mais de uma tonelada métrica sob a forma de lingotes. Da mesma forma, as cruzadas de São Luís no meado do século XIII foram alimentadas em grande parte por lingotes de prata. Tais lingotes circularam também amplamente nesse mesmo século XIII em Flandres, em Artois, na Renânia, no Languedoc, no vale do Ródano e até na Itália, onde entretanto a moeda não faltava e a circulação monetária era intensa. Foi em lingotes de prata, por exemplo, que Pisa, derrotada por Gênova na célebre batalha de Meloria, em 1288, pagou sua multa de 20 mil marcos. Na Europa do Centro, do Leste e do Norte, a circulação de dinheiro sob a forma de lingotes cresceu na medida em que as monarquias e os Estados desses países tinham mais necessidade de prata do que a gente miúda que pouco a utilizava na vida cotidiana. Foi o caso da Dinamarca, da região do Báltico, da Polônia e da Hungria. Pelo fim do século XIII, as grandes regiões comerciais da cristandade preocupavam-se, em geral, em regulamentar e taxar a circulação e a monetização dos lingotes de prata; foi assim em Veneza, em 1273 e nos Países Baixos, em 1299. Uma grande parte dos lingotes de prata era identificável pela impressão de emblemas cívicos de garantia. Três tipos diferentes de lingotes de prata circulavam principalmente na Europa do século XIII e diferenciavam-se por uma taxa maior ou menor do metal puro. Além do modelo de que acabamos de falar, um modelo de origem asiática prevaleceu no Mediterrâneo e no Mar do Norte, e um terceiro na Europa nórdica. Na Rússia circulavam dois tipos diferentes de lingotes: um dito de Kiev e o outro de Novgorod.*

Outro sinal monetário das necessidades crescentes de dinheiro do comércio de cada país e do conjunto da cristandade foi a aparição de novas moedas de prata, com um conteúdo mais elevado do metal, os *gros*. Sua circulação começou na Itália do Norte,[20] o que não surpreende, dado o papel dessa região no comércio internacional. Se em 1162 Frederico Barba-Roxa criara em Milão um dinheiro especial contendo duas vezes mais prata do que as emissões precedentes, a primeira e verdadeira moeda chamada *gros* foi cunhada em Veneza entre 1194 e 1201. E os 40 mil marcos de prata remetidos pelos cruzados a Veneza foram transformados em *gros*. O peso e a circulação do novo *gros* — fixado em vinte e seis piccoli (pequenos denários) — articularam-se em um verdadeiro sistema monetário em que os denários e *gros* se ligavam ao *hyperpère*** bizantino. O movimento foi seguido por Gênova no início do século XIII, por Marselha em 1218, pelas cidades

---

*Cidade ao Sul de São Petersburgo, 230 mil habitantes, hoje chamada Velik Novgorod. (N. do T.)

[20]As páginas seguintes devem muito a Marc Bompaire, no volume de Philippe Contamine, Marc Bompaire, Stéphane Lebecq e Jean-Louis Sarrazin, *L'Economie médiévale*, Paris, Armand Colin, terceira edição, 2003, pp. 251-267.

**A denominação, claro, é francesa. Não há (ou pelo menos não consta dos dicionários mais conhecidos em nossa língua) nome português para essa moeda. (N. do T.)

da Toscana nos anos 1230 e, afinal, por Verona, Trento e o Tirol. Em 1253 *gros*, cunhados em Roma, valiam um *sou*, quer dizer, doze denários. Charles d'Anjou o cunhou nos Estados do sul da Itália e em Nápoles. Chamados de carlinos (por causa do nome de quem os cunhou) ou de *gillats*, concorreram com os matapãs de Veneza. São Luís cunhou o tornês, moeda de Tours, em 1266. Nos Países Baixos e na Renânia os *gros* só foram cunhados no início do século XIV, quando se tornaram preferidos em relação às peças de prata de menor valor, dentro da lógica de um comércio menos florescente. Um *gros* só veio a ser cunhado na Inglaterra em 1350. Em compensação, em volta do Mediterrâneo cada cidade tinha no fim do século XIII um *gros* de prata, casos de Montpellier e Barcelona.

Se a nova moeda se tornou sem dúvida a mais útil e a mais utilizada, o acontecimento mais espetacular da evolução monetária no século XIII foi a retomada da cunhagem em ouro numa cristandade em que essa moeda só se mantinha em fracas quantidades e nos limites da Europa, a serviço das relações com os bizantinos e os muçulmanos. Era o caso em Salerno, em Amalfi, na Sicília, em Castela e em Portugal. Relembro que essas moedas de ouro eram elaboradas principalmente à base de pó de ouro africano, vindo do Sudão e de Sidjilmassa, no sul do Marrocos. Eram cunhadas na África do Norte, em Marrakech, porém principalmente em Túnis ou Alexandria, o que contribuiu para atrair a essas cidades, por ocasião de suas duas cruzadas, São Luís, com a intenção de destruir as oficinas que as fabricavam.

Na Europa, as primeiras moedas de ouro foram as chamadas *augustais*, cunhadas pelo imperador Frederico II, a partir de 1231, na Sicília. Mas essas moedas estavam entre as moedas de ouro marginais ligadas ao ouro africano e aos territórios muçulmanos e bizantinos. As primeiras verdadeiras dentre as novas moedas de ouro europeias surgiram em 1252 simultaneamente em Gênova e em Florença. Eram os *genoveses* de ouro e o *florim*, ornados respectivamente com a imagem de São João Batista e com a flor-de-lis. Veneza, a partir de 1284, cunhou seus ducados com as imagens de Cristo e de São Marcos abençoando o doge, peças que circularam sem rivais no Mediterrâneo. A moeda de ouro do rei da Inglaterra Henrique III e a do rei da França Luís IX, por volta de 1260, foram fracassos. As imagens simbólicas representadas nessas moedas de alto valor entraram para o imaginário medieval.

Não esqueçamos um terceiro nível da circulação monetária que também teve um impulso considerável no século XIII, a saber as peças de baixo valor, as pequenas moedas chamadas *billon* correspondentes às necessidades da vida cotidiana, em particular na cidade. Frequentemente eram chamadas de "moeda negra". Assim, em Veneza, o doge Enrico Dandolo mandou fundir no início do século XIII os meio-denários ou óbolos. No fim do nosso longo século XIII a moeda mais comumente cunhada em Veneza era o *quatrino*, ou peça de quatro denários, correspondendo de um modo geral ao preço de um pãozinho. Também com essa moedinha habitualmente se dava esmola, hábito que se desenvolveu no século XIII, de um lado pela evolução natural da sociedade, mas também sob o efeito do ensinamento e da pregação das ordens mendicantes. Assim, no domínio real francês o denário chamado *parisis* tornou-se o "denário da esmola". São Luís foi um grande distribuidor dessa moedinha aos pobres.

A nova cunhagem em ouro acrescentando-se à cunhagem em prata restabeleceu o bimetalismo ou, mais precisamente, o trimetalismo, segundo o termo judicioso de Alain Guerreau, porque os historiadores da moeda pouco levaram em conta a importância crescente das moedas de baixo valor — em geral de cobre, como o *billon*. Entretanto, essas moedas pouco valiosas representaram a extensão do uso do dinheiro a quase todas as camadas da população e a um número crescente de transações muito modestas. A população do campo não ficou fora desse movimento, contrariamente a uma ideia consagrada, e a feudalidade, em sua segunda fase descrita por Marc Bloch, aderiu ao uso do dinheiro. Desde 1170, na Picardia,[21] por exemplo, os censos e os novos impostos foram na maioria das vezes fixados em denários ou em valor monetário. Entre 1220 e 1250, em numerosas regiões da Europa, a maior parte dos impostos sobre a exploração agrícola podia ser convertida e paga em espécie. Essa conversão facilitou as coisas para os camponeses remediados e se, como se verá, não existe um verdadeiro mercado da terra, as compras de terra reforçaram uma categoria de camponeses mais afortunados, pois o uso da moeda sempre esteve ligado às transformações sociais. Se acrescentarmos o pagamento em moedas de pequeno valor quanto a um número crescente de produtos, constataremos que a moeda encontrou plenamente sua função de reserva de valor. Vê-se, de resto, reaparecer e se desenvolver um movimento de entesouramento cujo exemplo extremo está sem dúvida no caso do tesouro de Bruxelas compreendendo 140 mil peças enterradas por volta de 1264. O número de denários, quer dizer, de peças de uso corrente, aumenta nos tesouros europeus. Se a circulação monetária continua fragmentada, organiza-se num quadro regional: as diversas moedas circulam em certa área, e nelas representam relações de valores mais ou menos fixos. Os historiadores da moeda designam na Alemanha o longo século XIII como "a época do denário regional".

---

[21] Robert Fossier, *La Terre et les hommes en Picardie jusqu'à la fin du XIIIᵉ siècle* [A terra e os homens na Picardia até o fim do século XIII], Paris-Louvain, 1968.

Essa regionalização da circulação da moeda provocou o aparecimento de cambistas profissionais, os quais se tornam tão numerosos a ponto de terem um lugar cada vez mais eminente na sociedade. Sua riqueza e seu prestígio são tais que em Chartres, por exemplo, eles financiam dois dos célebres vitrais da catedral gótica. Um dos mais antigos exemplos de *status* do ofício de cambista aparece em Saint-Gilles em 1178 e comporta cento e trinta e três nomes. O romance cortês de *Galeran de Bretagne* deixou-nos uma pintura viva dos cambistas de Metz por volta de 1220:

> *Si sont li changeurs en la tire*
> *Qui davant eulx ont leur monnoye:*
> *Cil change, cil conte, cil noie,*
> *Cil dit: "C'est vois", cil: "C'est mençonge"*
> *Onques yvres, tant fust en songe,*
> *Ne vit en dormant la merveille*
> *Que puet cy veoir qui veille.*
> *Cil n'y resert mie d'oysensez*
> *Qui y vent pierres précieuses*
> *Et ymages d'argent et d'or.*
> *Autre ont davant eulx grant tresor*
> *De leur riche vesselment.**

---

*A tradução do francês medieval às vezes traz armadilhas só percebidas por um especialista na língua dessa época, o que está longe de ser o nosso caso. Mas, tendo de tentá-la, fizemos o possível, que vai a seguir, contando com a compreensão do leitor, principalmente para as duas pequenas lacunas deixadas: "Sim, são os emprestadores de algibeira/ que diante deles têm sua moeda:/ Aquele que troca, aquele que conta, aquele que castiga,/ Aquele que diz: 'É você', aquele: 'É mentira'/ Nunca bêbado, nem mesmo em sonho,/ Não viu dormindo a maravilha/ Que pode ver esta quem vigia./ Aquele que ali .... / Que ali vende pedras preciosas/ E imagens de prata e de ouro./ Outro tem diante deles grande tesouro/ De seu rico." (N. do T.)

Entretanto, os cambistas só tiveram seu estatuto em Florença em 1299, em Bruges não havia mais do que quatro escritórios de cambista público, e em Paris o ofício, estreitamente supervisionado, ainda não tinha organização própria, se bem que os cambistas fizessem parte da elite urbana e figurassem nessa condição nas procissões e outras ocasiões principescas. Como se verá no decorrer deste estudo, o uso do dinheiro e o estatuto dos especialistas do dinheiro oscilam na Idade Média entre a desconfiança, de um lado, e a ascensão social, de outro. Se a desconfiança é reforçada por um outro fator, pode levar ao desprezo e até mesmo ao ódio. É o caso dos judeus. Durante longo tempo os principais credores de gente miúda endividada acabaram suplantados nessa função pelos cristãos e confinados à condição de emprestadores com altos juros e pequenos prazos, mas permaneceram uma verdadeira encarnação da face má do dinheiro, e o desprezo bíblico e evangélico pelo dinheiro fez deles, até hoje, malditos do dinheiro.

A alta das antecipações em dinheiro e suas causas

Se essa relativa invasão da moeda representa um progresso, também provocou uma inflação crescente que causou grandes dificuldades aos senhores ou proprietários de terras que tinham cada vez mais necessidade de moeda sonante. Os reis e os príncipes tiveram como objetivo aumentar mais a sua autoridade crescente primeiro em seus próprios domínios, depois aumentar seus reinos, por meio de uma administração que lhes era totalmente submissa — como prebostes, bailios e senescais, no caso da França —, a fim de exercer uma pressão sobre seus súditos e assim obter receitas em dinheiro. Embora ainda pudessem impor um imposto regular, aumentaram os impostos, as taxas que lhes eram devidas em produtos naturais passaram a ser cobradas em dinheiro. Foi essa uma das bases do crescimento de seu poder. Tal política foi sistemática no condado de Flandres desde 1187 e no reino da França a partir de Filipe Augusto. As cidades que tinham se tornado independentes em matéria de administração e de finanças, principalmente nos Países Baixos e na Itália, seguiram a mesma política. De um modo geral, as cidades dotadas de um território para além do centro urbano exploravam-no em proveito próprio. Em 1280, a cidade de Pistoia, na Toscana, impunha a seus camponeses uma contribuição financeira seis vezes mais elevada do que aquela paga por seus próprios cidadãos.* No último quartel do século XII apareceu, para só se desenvolver lentamente, uma instituição que mostra bem que dinheiro e feudalidade não eram incompatíveis. Senhores concederam a determinados vassalos feudos que não consistiam nem em terras nem em serviços, mas em pagamento de renda. Chamavam-se feudos-renda, ou feudos de bolso. Encontrou-se um longínquo antecedente dessa prática. No ano de 996, a igreja de Utrecht fez de um cavaleiro um vassalo não através do método de doação de terras, mas impondo-lhe uma cobrança de doze libras de denários a serem pagas anualmente. O feudo-renda, sobretudo a partir do século XII, desenvolver-se-á rapidamente nos Países Baixos.

A economia — e principalmente as trocas comerciais — foi a base do crescimento da circulação monetária, mas o que monetariamente custou mais à Idade Média foi provavel-

---

*Cidadãos, isto é, os que viviam no território urbano da cidade. (N. do T.)

mente uma atividade quase permanente, a guerra. Pôde-se mostrar que a guerra foi mais econômica em homens do que se acreditava, precisamente porque a importância crescente do dinheiro tornava mais proveitoso fazer prisioneiro o inimigo e obter um resgate do que matar — pensemos no resgate de Ricardo Coração de Leão na volta da Terra Santa, no de São Luís prisioneiro dos muçulmanos no Egito, ambos num momento monetário altíssimo. A preparação e o equipamento de um exército representavam despesas enormes. O rei da Inglaterra João-Sem-Terra, que não participou da batalha de Bouvines (1214), pagou no entanto pela formação do exército de seus aliados 40 mil marcos de prata. Indiquei alhures que, como brilhantemente o demonstrou Georges Duby, a organização dos torneios, essa grande festa da cavalaria, que sobreviveu a todos os esforços da Igreja para interditá-la, era na verdade um imenso mercado, comparável ao que são hoje as disputas esportivas nas quais o dinheiro está fortemente presente. Outro motivo de despesa é o crescimento do luxo, principalmente nas cortes reais e principescas e na alta burguesia urbana. No fim do século XIII, o crescimento das despesas de ostentação (especiarias e iguarias refinadas, roupas altamente dispendiosas sobretudo para as mulheres, em particular a seda e as peles, remuneração dos trovadores, improvisadores e menestréis, etc) levou à publicação, por parte de alguns reis e príncipes e em alguns burgos, de leis reguladoras de despesas destinadas a refrear esses excessos. Em 1294, Filipe, o Belo, publicou uma ordenação "referente ao supérfluo nos hábitos" que visava particularmente os burgueses. Dessa maneira, burgueses não mais tiveram permissão de usar peles, objetos de ouro, pedras preciosas, joias tipo coroas de ouro ou de prata e roupas valendo mais de duas mil libras tornesas para os homens e de 1.600 para as mulheres, e na Toscana do século XIV as legislações urbanas proibiram rigorosamente o luxo ostensivo por ocasião dos casamentos, fosse nos trajes, nos presentes, nos banquetes e nos cortejos nupciais.[22] Em 1368, Carlos V proibirá, sem grande sucesso, parece, os famosos sapatos de bico revirado.

Significativamente, a catedral de Amiens, construída no século XIII, possui, nós a vimos, uma pequena imagem representando dois comerciantes da planta da qual se tirava anil para tingimento de fazendas, produto que no século XIII teve um formidável desenvolvimento em consequência da demanda crescente de roupas tingidas de azul. Eis a moda, o luxo, o dinheiro que eram exibidos num lugar sagrado!

---

[22] Céline Perol, "Le mariage et les lois somptuaires em Toscane au XIVe siècle" [O casamento e as leis suntuárias na Toscana do século XIV], em J. Teyssot (dir.), *Le Mariage au Moyen Âge XIe-XVe siècle* [O casamento na Idade Média do século XI ao século XV], Universidade de Clermont-Ferrand II, pp. 87-93.

6. O dinheiro e os Estados nascentes

Entre os grandes domínios nos quais melhor se manifesta no apogeu do longo século XIII o progresso do dinheiro figura a construção disso que a historiografia chama o Estado. O Estado, nos séculos XIII e XIV, não está completamente desligado da feudalidade, e sabe-se que só o será de modo definitivo com a Revolução Francesa. Entretanto, o poder da monarquia, o aparecimento de instituições representativas, o desenvolvimento do direito e da administração marcam uma etapa decisiva na sua formação. O Estado se manifesta especialmente num domínio em que no século XIII o dinheiro assume uma importância especial: as exigências do fisco. Ao lado dos rendimentos senhoriais, os príncipes e os reis se beneficiam em geral das rendas de um domínio próprio, dos benefícios do direito superior de cunhagem de moeda que lhes é reconhecido, e da arrecadação de impostos particulares.

A administração das finanças

O Estado que se desenvolve mais cedo nesse contexto, o mais dominador e o mais bem irrigado em dinheiro é o da Igreja, ou seja, a Santa Sé. A Santa Sé recolhe, por um lado, os rendimentos das terras e das cidades que estão diretamente sob a dominação pontifícia, o que se chama o patrimônio de São Pedro. Percebe, por outro lado, em toda a cristandade um dízimo especial, que, para dizer a verdade, nem chegava mesmo à Santa Sé, mas garantia a subsistência do clero, servia à necessidade das construções dos edifícios do culto e à assistência aos pobres. Com o crescimento geral das despesas monetárias cada vez se pagava menos dízimo às igrejas. Isso provocou então a criação do caráter obrigatório para o dízimo, segundo o cânon 32 do IV Concílio de Latrão (1215), que também fixou uma quantia mínima a ser paga à Igreja. A Câmara Apostólica reorganizada no século XIII pôs à disposição do papa e da cúria pontifícia as diferentes fontes das cobranças que a faziam viver, os foros de natureza feudal, os rendimentos da colação dos benefícios, o levantamento das rendas de benefícios sem titular durante a vacância de um beneficiário direto.

No fim do século XI a cúria pontifícia tinha feito a poderosíssima ordem de Cluny gerenciar suas finanças durante certo tempo. Mas no século XII o papado pôs diretamente sob o controle da administração financeira da cúria romana o recebimento e a transferência dos censos, rendimentos e donativos. À cabeça dessa *camera* do papa Inocêncio III (1189-1216) pôs-se um cardeal que morava pertinho dele, em Latrão. Tratava-se do *camerarius* (cardeal camerlengo) que tinha a seu cargo a administração do patrimônio referente aos edifícios e às terras dos Estados da Igreja, o recebimento dos rendimentos da Igreja romana e a administração dos palácios do papa. O concílio de Viena (1311) decidiu que o colégio dos cardeais nomearia um novo camerlengo à morte de cada papa para o tempo de vacância da sé apostólica. A fim de administrar suas finanças, o papado apelou a partir do século XIII para banqueiros estranhos à Igreja, mas que assumiam o título de "responsável pelas operações de câmbio da Câmara" (*campsor camerae*) e, a partir de Urbano IV (1241-1264), tornaram-se comerciantes da Câmara ou do senhor papa (*mercator camerae* ou *mercator domini pape*). Gregório X (1271-1276) levou para a cúria banqueiros de sua cidade natal, Piacenza, os Scotti. No fim do século XIII, as mais importantes companhias de banqueiros pontifícios eram dirigidas pelos Mozzi, os Spini e os Chiarenti. Eles ficaram encarregados de regulamentar todos os pagamentos da Câmara. Neste caso ainda o aumento das necessidades em dinheiro levou o papado a buscar rendimentos novos, por exemplo, a remuneração das indulgências concedidas pelo papa desde que existia no fim do século XII um purgatório reconhecido como dogma no segundo concílio de Lyon, em 1274. Como se sabe, essa remuneração das indulgências foi uma das causas declaradas por Lutero para sua saída da Igreja no século XVI. Atingiu-se um ponto ótimo nas finanças e no sistema do fisco do Estado pontifício no século XIV, no tempo dos papas de Avignon, como veremos. Esse progresso na gestão de um dinheiro que no Estado pontifício assume um lugar sempre mais importante fez com que São Luís, em 1247, enviasse ao papa uma carta virulenta acusando o papado de se ter tornado um templo do dinheiro, carta que é um sinal desse progresso e também das resistências que encontrou.

No decorrer do século XIII desenvolve-se pouco a pouco uma administração especial das finanças reais nas principais monarquias cristãs. Como tantas vezes, a mais precoce quanto a isso foi a monarquia inglesa que transportou e fez mais refinadas na Inglaterra instituições pioneiras nascidas no ducado de Normandia. Foi assim que desde o século XII o rei Henrique II Plantageneta (1154-1189), qualificado a justo título como "primeiro rei monetário da Europa", pôs em funcionamento uma administração que, utilizando uma grande mesa em forma de tabuleiro de xadrez (o jogo de xadrez no Ocidente tinha sido importado do Oriente no século XII), chamou-se *exchequer** (tabuleiro), bem descrito à altura do ano de 1179 por Richard FitzNeal em seu *Dialogus de Scaccario*. Comporta inicialmente dois departamentos: um que recebe e deposita somas em dinheiro, outro que é uma espécie de câmara das contas nas quais as quantias são controladas. O chefe do tabuleiro é o tesoureiro, um eclesiástico até o fim do século XIV. Há abaixo dele quatro barões do tabuleiro e dois *deputy chamberlains.*** As contas eram registradas em rolos, os *rolls*, que subsistiram sem interrupção desde Henrique II. É segundo Jean-Philippe Genet "a mais precoce e uma das mais sofisticadas entre as administrações criadas pelas monarquias do Ocidente".

Em seu célebre tratado sobre o governar, primeira grande obra política da Idade Média, o *Policraticus*, João de Salisbury, que foi, entre outros, conselheiro do rei Henrique

---

*Palavra inglesa cujo significado é *tesouro público, erário*. (N. do T.)
**Chamberlain, o segundo termo da expressão, tanto significa em inglês camareiro, camarista ou mordomo, como tesoureiro, e é este o caso, já se vê. (N. do T.)

II, trata do problema do controle monárquico do fisco. Para ele não se trata de uma questão econômica, visão que ainda não existe em sua época, mas de um caso de justiça. O rei deve garantir e controlar a circulação do dinheiro, não em seu interesse, mas no de todos os súditos de seu reino. O importante não é a riqueza do governo, mas o bem governar no interesse de todos os súditos. O controle monárquico do fisco é um problema de ética política, não de economia.[23]

A unificação monetária da Bretanha em torno do denário da cruz ancorada e do denário de Guingamp foi sem dúvida desde o fim do século XII outro caso precoce de política monetária principesca. A Catalunha e Aragão em 1174 e o condado de Toulouse em 1178 contaram com exemplos análogos.

O caso francês

O rei da França não foi tão rápido em organizar a administração de suas finanças. Sua organização começou seriamente sob Filipe Augusto, no início do século XIII, e fez grandes progressos sob São Luís.* Só no fim do século XIII é que um ramo da corte real foi destacado para formar a Câmara das Contas, apenas organizada sob Filipe, o Belo (1285-1314), e veio a ser definitivamente estabelecida por Filipe V, o Longo, pelo ordenamento de Vivier-en-Brie em

---

[23]Cary J. Nederman, "The virtues of necessity: labor, money and corruption in John of Salisbury's thought", *Viator*, n° 33 (2002), Berkeley, University Press of California, pp. 54-68. (*N. do T.*)

*São Luís era neto de Filipe Augusto e, entre os reinados de ambos, houve uma inexpressiva passagem pelo trono por três anos de Luís VIII, filho de Filipe Augusto e pai de Luís IX (São Luís). (*N. do T.*)

1320. Tinha duas funções principais: verificar as contas e controlar o conjunto da administração do domínio.

O essencial das fontes do reino provinha do domínio real. Segundo a expressão do tempo, o rei "vivia do seu". Ao avançar do século XIII outras fontes assumiram importância: os direitos tirados do exercício da soberania real (cartas reais, cartas de nobreza),* da justiça real e da cunhagem das moedas reais. Esses rendimentos sendo insuficientes para o crescimento das necessidades do Estado monárquico em expansão, Filipe, o Belo, esforçou-se para estabelecer impostos reais permanentes e para criar finanças extraordinárias. Uma tentativa para impor um imposto indireto sobre as exportações, os mercados e os estoques — imposto batizado de *maltôte* (arrancado injustamente) — foi pessimamente recebida, especialmente porque introduzia controles fiscais a domicílio e acabou sendo uma derrota. O poder real sonhou então com impostos diretos sobre a fortuna adquirida, sobre o rendimento, sobre o grupo familiar ou sobre o fogo (*fouage*, e era cobrado de cada fogo, isto é, de cada lar). Todas essas tentativas abortaram, o Estado medieval não conseguiu estabelecer de modo firme e eficiente o financiamento de sua transformação em Estado moderno. O dinheiro foi, assim, o calcanhar de aquiles da construção monárquica, na França e, de modo geral, na cristandade.

A França do século XIII, e em particular a do reinado de São Luís (1226-1270), é um bom exemplo da ação de um poder central no domínio do dinheiro, quer dizer, no financiamento de sua atividade, em seu comportamento como moedeiro de

---

*As do segundo tipo eram decretos assinados pelo rei — e cobrados, já se vê — concedendo títulos de nobreza. (*N. do T.*)

um tipo especial, por reivindicar uma autoridade superior, e até um monopólio real, para a cunhagem da moeda, e em sua organização das finanças monárquicas. O essencial da atividade de São Luís nesse domínio deu-se nos últimos anos de seu reinado, o fim do decênio de 1260, quando o novo lugar ocupado pelo dinheiro e os problemas que se seguiram tornaram-se evidentes no conjunto da cristandade.

São Luís resolveu agir através de ordenamentos, um ato maior, de natureza única, mostrando o lugar de primeiro plano da moeda no governo de uma monarquia do século XIII. Foi, com efeito, por meio de uma série de ordenamentos que São Luís remanejou profundamente a cunhagem e a circulação da moeda na França, e o papel do rei nesse domínio. Marc Bloch considera que o mais decisivo dos ordenamentos tenha sido o de 1262, que estabelecia dois princípios: a moeda do rei é válida em todo o reino, a dos senhores que têm o direito de cunhagem só é válida em suas próprias terras. Dois outros ordenamentos regulamentaram em 1265 esse de 1262. Depois, o ordenamento capital de julho de 1266 autorizou a retomada da cunhagem do denário parisis e a criação de um *gros* tornês. Por fim, um ordenamento perdido criou entre 1266 e 1270 o escudo de ouro do qual se falará mais adiante.

Luís IX (São Luís) não esperou por 1266 para se interessar pela moeda em seu reinado. Emitiu apenas denários torneses, mas estava preocupado em garantir a sua moeda uma circulação privilegiada no reino e editou uma série de medidas circunstanciais concernentes à circulação monetária. Ei-las, segundo o estabelecido por Etienne Fournial:[24]

---

[24] E. Fournial, *Histoire monétaire de l'Occident médiéval*, Paris, Armand Collin, 1970, pp. 82-83.

1) Em 1263 os torneses e os parisis, os quais já não vinham sendo cunhados desde a morte de Filipe Augusto (1223), deviam circular e ser recebidos como pagamento das dívidas tidas com o rei.
2) Em 1265 a relação de valor entre as duas moedas foi fixada em dois torneses para um parisis.
3) Por essa época em que a contrafação de moedas era frequente, o rei proibiu os denários produzidos como imitação dos seus, quer dizer, os dinheiros da antiga província de Poitou (*poitevins*), os provençais e os tolosinos, demonstração entre tantas outras de que a monarquia francesa ancorada no Norte se impunha também à França do Sul nesse domínio.
4) "Porque o povo acredita que não há suficientes moedas de torneses e parisis", a circulação dos *nantois* ao escudo, dos angevinos (moeda de Anjou), dos *mansois* e também dos esterlinos ingleses era provisoriamente autorizada, mas a uma taxa fixada pelo tesouro real que, se não fosse respeitada, estaria sujeita primeiro a uma multa e depois à confiscação. A proibição das moedas dos barões da França do Sul ou dos barões ingleses não correspondia apenas à vontade de impor a primazia da moeda real, mas também ao desejo de abastecer as oficinas reais de metal branco. Não se pode esquecer que durante a maior parte da Idade Média a cristandade viveu sob o impacto de certa fome monetária proveniente essencialmente de uma fome de metal branco, dando-se o esgotamento mais ou menos rápido das minas e seu pequeno número.

As principais reformas monetárias de Luís IX estabelecidas pelo ordenamento de 24 de julho de 1266, do qual infelizmente não se possui o texto inteiro, são:

1) A retomada da cunhagem do parisis.
2) A criação do *gros* tornês.
3) A criação do escudo de ouro.

As duas últimas medidas mostram que, com certo atraso, em particular em relação às grandes cidades italianas, a França, para se adaptar ao crescimento do volume comercial, adotava as duas medidas monetárias mais importantes do século XIII, a criação de moedas de prata de alto valor e a volta da moedagem em ouro. A cunhagem do *gros* tornês foi sem dúvida a medida mais importante. Esse tipo de moeda de alto valor, sem atingir o valor do ouro, ainda muito elevado para a maior parte das regiões do Ocidente, respondia bem ao crescimento do comércio francês no quadro do que se chama, já foi dito aqui, "a revolução comercial do século XIII". O sucesso desse *gros* foi reforçado pela proibição de que os barões o cunhassem. Seu valor correspondia aproximadamente ao de doze denários torneses. Mais tarde essa moeda veio a se chamar o *gros* de São Luís, cujo reinado, como se sabe, tornou-se quase mítico a partir do século XIV na lembrança dos franceses ("o bom tempo de monsenhor* São Luís"), o "tamanho grande dos dois *os* redondos", porque

---

*A palavra "monsenhor" (*monseigneur*) era um título dado aos príncipes das famílias reais e aos prelados. No caso de São Luís (Luís IX), ele foi um rei tão querido que, mesmo depois de sua morte (1270), os franceses, na boca do povo, mantiveram espontaneamente o tratamento até os séculos seguintes, lembrando o seu reinado como "o bom tempo". (*N. do T.*)

na legenda do rei as palavras *ludovicus* e *turonus* tinham dois *os* maiores do que as outras letras. O *gros* de São Luís teve durante muito tempo mais valor do que os outros *gros* e resistiu até mesmo às mutações monetárias do fim do século XIII e de todo o século XIV. Em compensação, o escudo de ouro, sem dúvida lançado prematuramente, foi um fracasso.

São Luís não inovou no domínio da gestão do tesouro real, continuou a recorrer a um tesoureiro real surgido no século XII e a cambistas chamados tesoureiros criados por Luís VII, e sobretudo manteve o que tinha decidido este último: confiar o tesouro real à casa parisiense da ordem do Templo. Vê-se assim o papel que desempenharam na Idade Média central grandes ordens religiosas, gerenciadoras financeiras até mesmo daqueles a que chamamos chefes de Estado. Era o caso desde o início do século XII da ordem de Cluny, que cuidava dos rendimentos e das finanças da cúria pontifícia, como foi o caso do Templo para a monarquia francesa entre o meado do século XII e 1295, intervalo em que o tesouro real foi retirado do Templo e instalado no Louvre e, por fim, no Palácio Real da Cité,* reconstruído no início do século XIV.

A personagem encarregada das questões financeiras numa das divisões do reino à qual chamamos *bailliages* é o bailio. Ele cobra os direitos de transmissão, o imposto territorial, os impostos *in natura* das comunas, as taxas reais, chamadas regalias,** os direitos do selo real pelos documentos marcados com a chancela real, os impostos sobre os rendimentos dos

---

Cité, que eventualmente pode ser mesmo sinônimo de *ville* (cidade), refere-se de um modo geral à parte mais antiga, mais central de uma cidade. O exemplo mais tradicional é a *Île de la Cité*, em Paris. (N. do T.)

**Regalia era o direito que tinha o rei, na França, de receber a renda dos bispados vagos e das abadias nas mesmas circunstâncias. Com essas rendas o rei provia os benefícios financeiros correspondentes a esses cargos e igrejas enquanto neles e nelas não houvesse um sucessor. (N. do T.)

juízes, os rendimentos provenientes das vendas de madeiras até que fosse constituída a administração específica de águas e florestas em 1287. A partir de 1238, as despesas a que o bailio tem direito, e que retira da caixa real, são os feudos e as esmolas, quer dizer, as pensões assinadas pelo rei sobre as receitas do *bailliage*, as obras, ou, em outras palavras, a construção ou reforma dos castelos, sedes das prefeituras, casas, granjas, prisões, moinhos, calçados, pontes pertencentes ao rei. O mais antigo documento avaliando a riqueza real, e mais particularmente a do domínio real, fonte financeira particular dos recursos do soberano, é um texto do preboste da igreja de Lausanne em 1222, que estima a fortuna do rei Filipe Augusto (1165-1223) no momento em que se calculou sua herança em uma renda mensal de 19 mil libras, ou seja, anualmente 228 mil libras, deixada por seu pai Luís VII. Já o próprio Filipe Augusto teve condições de deixar para seu filho, o futuro Luís VIII, uma renda diária de 1.200 libras parisis, o correspondente a um rendimento anual de 438 mil libras parisis. Essas rendas faziam da monarquia a instituição mais rica depois da Igreja no reino da França, no início do século XIII. Durante o século XIII o rei da França recebe uma antecipação sobre as mercadorias vendidas nos mercados e nas feiras chamada *tonlieu*. O rei recebia assim inumeráveis impostos chamados pedágios pagos pelos viajantes, suas mercadorias, seus veículos e os animais de transporte. Esses direitos eram exigidos nos portos e no início das estradas, nas pontes e nos cursos d'água. O direito de exercer um ofício era pago ao rei *in natura* e em dinheiro; trata-se do *hauban*.* Sobre a cunhagem das

---

Hauban, primitivamente, era apenas a corda com que se amarrava o mastro dos navios. (N. do T.)

moedas, que se obtém fundindo lingotes ou refundindo peças usadas, o rei recebe um direito de senhoriagem (*seigneuriage*). Recebe também um direito pela utilização das medidas e dos pesos que servem de padrão. Cabe-lhe uma herança devida por estrangeiros e bastardos, assim como taxas cobradas dos usurários judeus. Sob o nome de *forêt* (*floresta*), parte essencial do domínio real, o rei tira importantes rendimentos do corte de madeiras, da pesca, da construção de barragens e dos moinhos. Quando está apertado em matéria de dinheiro, pode impor, principalmente nas cidades, taxas especiais. As despesas do palácio real eram garantidas em grande parte com as receitas do sinete real. Vê-se que tocam ao rei rendimentos, de um lado, como proprietário, de outro, como soberano. Como os contribuintes pagavam em moeda sonante, os responsáveis pelo tesouro real tinham de conhecer exatamente a relação deles no livro de contas. Também necessitavam manter sob os olhos as tábuas de avaliação (*avaluement*) das moedas, indicativas das variações diárias da relação dos contribuintes com o livro de contas e suas subdivisões, seja em parisis, seja em torneses. A verificação da contabilidade real só virá a se organizar, já o vimos, no início do século XIV, com a Câmara dos Denários, mudada no ano de 1320 em Câmara das Contas. No século XIII, os oficiais do reino e os assim chamados arrendatários tinham de depositar dinheiro no Tesouro e justificar sua contabilidade três vezes por ano, nas festas de Saint-Rémi* — mais tarde na de

---

*Também os franceses têm até hoje incertezas ortográficas. Há na Provença, por exemplo, uma cidade chamada Saint-Rémy, com esse y final, enquanto aqui está "Saint-Rémi". O próprio *Petit Larousse Illustré* chama a atenção para a dúvida no verbete referente ao santo que batizou Clóvis, usando Remi ou Remy (e grafa o *e* sem acento nos dois casos). (N. *do T.*)

Todos os Santos —, na da Candelária (ou dos candelabros), na Ascensão, ou antes nas oitavas dessas festas.

A monarquia capetiana, desse modo, organizou muito cedo suas finanças, e em particular sua contabilidade, mas só possuímos uma pequenina parte das contas reais, sobretudo no caso do período antigo. Apenas três papéis de 1202-1203 que Ferdinand Lot e Robert Fawtier, que os publicaram, chamaram de o primeiro orçamento da monarquia:[25] neles consta que o montante das receitas da realeza foi de 197.042 libras de 12 *sous*, e o das despesas, de 95.445 libras. São Luís, que aumentou o domínio real adquirindo em 1240 o Mâconnais* e conservando em bom estado os bosques e as florestas que representavam a quarta parte das receitas dos domínios, mandou estabelecer o mais rigorosamente possível as contas dessas rendas. Foram conservadas as de 1234, 1238 e 1248, e a conta dos prebostes e bailios da Ascensão de 1248 é considerada uma obra-prima de apresentação e durante longo tempo servirá de modelo. O reinado de São Luís serve, assim, como exemplo à observação de Marc Bompaire segundo a qual "a moeda participa da gênese do Estado moderno como um instrumento de prestígio privilegiado, um fator de unificação e igualmente uma fonte de renda". Lembra ele que ao lado desse aspecto político uma "monetarização" da economia favorecerá também a difusão e a importância da moeda. Por sua vez, o historiador bra-

---

[25] *Le Premier Budget de la monarchie français. Le compte géneral de 1202-1203* [O primeiro orçamento da monarquia francesa. O cômputo geral de 1202-1203], Paris, Champion, 1932.

*Parte da vertente oriental do grande Maciço Central francês, trecho onde a altitude máxima é de 780 metros. Hoje o Mâconnais é terreno de viticultura. (*N. do T.*)

sileiro João Bernardo,[26] em seu estudo monumental, estima que a difusão do dinheiro ao longo do século XIII europeu está sobretudo ligada à passagem das senhorias familiares pessoais a uma família do Estado, artificial e impessoal. O dinheiro seria portanto, segundo ele, um agente determinante das transformações sociais.

Longe dessas considerações, São Luís, à semelhança dos cristãos de sua época, preocupado em primeiro lugar com a sua salvação, não se preocupa, como rei, com a de seus súditos. Seus esforços para dotar o reino de uma moeda forte vêm essencialmente de seu desejo de fazer com que a justiça reine também nas trocas comerciais. Sem dúvida ele conheceu e guardou a definição da moeda por Isidoro de Sevilha: *moneta* vem de *monere*, "advertir", porque põe em guarda contra toda espécie de fraude no metal ou no peso. É uma luta contra a "má" moeda, a moeda *falsa* ou falsificada (*defraudata*), um esforço em prol da "boa" moeda, a moeda "sã e leal". Graças a essa moeda, que recebe em quantidade crescente, o rei pode satisfazer um dos seus desejos que, como se verá, vai assumir na religião cristã um lugar ainda mais importante no século XIII, a caridade. O rei é um grande distribuidor de esmolas e, se uma parte dessas esmolas é distribuída *in natura*, outra o é em dinheiro. Trata-se de outro domínio no qual se pode observar o aumento da circulação das moedas no século XIII.

---

[26] *Poder e dinheiro. Do poder pessoal ao estado impessoal no regime senhorial. Séculos V-XV*, ed. Afrontamento, três volumes, 1995-2002 [*Pouvoir et argent. Du pouvoir personnel à l'État impersonnel dans le régime seigneurial. V^e-XVe siècle*]. Agradeço vivamente a Maer Taveira, que me chamou a atenção sobre esse livro e o analisou para mim.

Um organismo original, a Hansa

É um organismo que, não sendo um Estado, torna-se a partir do século XII um grande poderio cristão, econômico, social e político e que proporcionou a entrada na revolução comercial do século XIII do norte e do nordeste da cristandade: a Hansa. A Hansa toma corpo com a fundação da cidade de Lübeck, porta do ocidente para o leste, em 1158. Rapidamente a cidade tornou-se e permaneceu a cabeça da Hansa, constituída por uma associação de comerciantes das principais cidades comerciais dessa região, na qual substituíram, ampliando sua atividade, o comércio de Flandres e de alguns alemães, em particular aqueles, numerosos e ativos, de Colônia. De fato, uma primeira associação de comerciantes alemães formou-se no século XII, na ilha sueca de Gotland. Sua principal cidade, Visby, foi uma aglomeração dupla na qual coexistiram em estreita cooperação uma associação de mercadores alemães e uma associação de mercadores escandinavos. Visby tornou-se uma concorrente de Lübeck e no século XIII houve uma tendência para que assumisse a direção e a proteção dos alemães que comerciavam na Rússia. Estes mantinham durante o ano todo em Visby a caixa do estabelecimento fundado em Novgorod. Mas, a partir do fim do século XII, reconheceu-se a superioridade de Lübeck em relação a Visby, como já era reconhecida numa comparação com outras cidades alemãs.

Sobre a Hansa, dispõe-se desde o século XIII de dados numéricos graças aos livros de crédito instituídos em diversas cidades como Hamburgo, Lübeck e Riga. Uma parte da Hansa se mostra frágil no único setor inglês, do qual há dados numéricos. Os hanseáticos souberam disponibilizar a seus sócios um regime muito favorável a eles na regulamentação das dívidas, sinal da importância crescente do crédito no grande comércio do século XIII. Também se beneficiavam de uma remuneração para os salvamentos marítimos e de mercadorias ameaçadas de naufrágio. Mas, principalmente, obtinham abatimentos importantes nas tarifas aduaneiras, uma fixação minuciosa das taxas a pagar, assim como uma garantia de que essas taxas não seriam aumentadas e nenhuma outra seria criada. Foi o caso, por exemplo, da tarifa fixada pelos hanseáticos em 1252 com a condessa de Flandres. O uso do crédito, o mais frequentemente copiado das práticas italianas, progride nesse domínio do dinheiro e expande-se amplamente no espaço hanseático no século XIII. Foi regulamentado, e as cidades instituíram no fim do século XIII livros de crédito que davam às operações uma garantia oficial. Entretanto, esse aumento da circulação do dinheiro devido às atividades dos hanseáticos foi limitado na parte oriental desse comércio pela persistência da troca e da "moeda de couro", ou seja, a pele de marta, valendo como uma unidade de pagamento. A introdução da moeda de metal teve repercussão em Pskov e em Novgorod, mas nesta última cidade foi proibida qualquer venda a crédito no fim do século XIII. Em matéria de moeda, os hanseáticos conheceram sucessos e derrotas. O êxito foi a aquisição precoce pelas cidades do direito de moedagem, com exceção de algumas cidades vestfalianas e saxônias nas quais os bispos conservavam esse direito, mas por outro lado chegou-se à impossibilidade de reduzir o número de moedas em uso no vasto espaço da Hansa, o que criou um obstáculo à facilidade do comércio e dos fretes suplementares devidos ao câmbio. Houve marcos de Lübeck, pomeranos, prussianos, de Riga, thaler brandenburguense a leste, florim renano a oeste. As moedas de conta que mais circularam foram o marco de Lübeck, a libra de *gros* de Flandres e, secundariamente, a libra esterlina inglesa. Os hanseáticos, firmemente ligados à moeda de prata, esforçaram-se para impedir a expansão da moeda de ouro em seu espaço a partir da segunda metade do século XIII. O caso da Hansa mostra assim como na Idade Média o dinheiro suscitou e acompanhou a criação de entidades econômicas e políticas às vezes originais.

7. Empréstimo, endividamento, usura

O crescimento das necessidades em dinheiro que, a partir do século XII, atingiu quase todos os homens do Ocidente ao mesmo tempo chocou-se com certa fraqueza da massa monetária em circulação, mas sobretudo com uma insuficiência das disponibilidades pecuniárias das pessoas da Idade Média. Um dos endividamentos mais importantes foi sem dúvida o dos camponeses, porque a venda de seus produtos — em geral de frágil valor —, limitados a mercados locais ou regionais, pouco lhes rendia em espécies monetárias, à espera de que se desenvolvessem, principalmente a partir do século XIII, culturas ditas "industriais", como o anil dos tintureiros, o cânhamo, os utensílios, donde a importância crescente do ferreiro (*forgeron*), que deu, no momento da aparição do nome de família, no século XIII, numerosos patronímicos, como *favre*, *fèvre*, *lefèvre* em francês, *smith* em inglês, *schmitt* ou *schmidt* em alemão, sem contar as línguas hoje reduzidas a dialetos, como o bretão, no qual são abundantes sob seu nome celta *le forgeron*, *le goff*, etc.

O empréstimo a juros entre judeus e cristãos

Sem insistir no endividamento camponês, difícil de ser estudado em detalhes, observemos que nos Pireneus orientais, no século XIII, um grande número de homens do campo tinha judeus como credores de empréstimos. De fato, o aumento da exigência de dinheiro fez a fortuna, frequentemente muito mais modesta do que a boataria espalhava, dos judeus. A verdade é que até o século XIII inicialmente eram, no quadro reduzido das necessidades da época, as instituições monásticas que emprestavam. Depois, quando o emprego do dinheiro urbanizou-se, os judeus desempenharam um importante papel de emprestadores, uma vez que, segundo a Bíblia e o Antigo Testamento citados no início deste livro, o empréstimo a juro era, teoricamente, qualquer que fosse o caso, proibido entre cristãos, por um lado, e judeus, por outro, mas autorizado se de judeus para cristãos e vice-versa, e os judeus, mantidos fora da agricultura, acharam em certos ofícios urbanos, como a medicina, uma fonte de rendimentos que puderam aumentar emprestando a cristãos urbanos sem fortuna.* Se, neste ensaio, não se trata muito dos judeus, é que das partes da Europa em que a circulação monetária foi mais significativa, os judeus, muito cedo, no século XII e principalmente no XIII, foram substituídos pelos cristãos, e foram expulsos de uma importante parte

---

*O período a partir de "Depois" é estranho porque, claro, o Antigo Testamento não fala em "cristãos". A não ser que a palavra "Bíblia" esteja aí empregada como sinônimo de Novo Testamento, o que seria estreitar demais o seu sentido. Enganos ocorrem em toda e qualquer circunstância e às vezes, como neste caso, nem as revisões do autor e do departamento responsável os detectam. (N. do T.)

dessa Europa: da Inglaterra em 1290, da França em 1306, depois definitivamente em 1394. Vê-se assim que a imagem do judeu como homem de dinheiro nasce menos da realidade dos fatos, apesar da existência de emprestadores judeus com pequenos prazos e grandes juros, do que de uma fantasia que prenuncia o antissemitismo do século XIX.[27]

O empréstimo fazia-se acompanhar naturalmente do pagamento de um juro por parte do devedor. Ora, a Igreja proibia que um credor cristão cobrasse esse juro de um devedor cristão. Os textos mais frequentemente invocados são *"Mutuum date, nihil inde sperantes"* (emprestar sem nada esperar de volta) (Luc 6, 35), e "Não emprestarás a juros a teu irmão, quer se trate de um empréstimo em dinheiro ou em víveres ou qualquer que seja em que se exija juro" (Levítico XXV, 36), "Ao estrangeiro poderás emprestar a juros, mas emprestarás sem juros a teu irmão" (Deuteronômio 23, 20). O decreto de Graciano, que é no século XII o fundamento do direito canônico, declara: "Tudo aquilo que se exige acima do capital é usura" (*"Quicquid ultra sortem exigitur usura est"*).

O código de direito canônico exprime melhor a atitude da Igreja em face da usura no século XIII: usura é tudo aquilo que se pede em troca de um empréstimo para além do empréstimo em si mesmo; pedir isso é um pecado proibido pelo Antigo e o Novo Testamento; a só esperança de um bem de retorno para além do bem emprestado é um

---

[27]Ver Giacomo Todeschini, "La ricchezza degli Ebrei. Merci e denaro nella riflessione ebraica e nella definizione cristiana dell'usura alla fine del medioevo" [A riqueza dos judeus. Perdão e dinheiro na reflexão judia e na definição cristã sobre a usura no fim da Idade Média], em *Biblioteca degli Studi medievali*, XV, Centro italiano di studi sull'alto medioevo, Spoleto, 1989.

pecado; as usuras devem ser integralmente restituídas a seu verdadeiro dono; preços mais altos por uma venda a crédito são usuras implícitas.

As principais consequências dessa doutrina são:

1) A usura estabelece o pecado mortal da cobiça (*avaritia*). O outro pecado mortal nascido da *avaritia* é o tráfico dos bens espirituais que se chama simonia e que sofreu um grande retrocesso a partir da reforma gregoriana executada no fim do século XI e no século XII.
2) A usura é um roubo, é o roubo do tempo que não pertence senão a Deus, pois a usura cobra o tempo transcorrido entre o empréstimo e o seu reembolso. Ela cria, portanto, a possibilidade de que surja um novo tipo de tempo, o tempo usurário. Este é o lugar de sublinhar que o dinheiro modificou profundamente a concepção e a prática do tempo na Idade Média, na qual circulavam juntos, como mostrou Jean Ibanès,[28] uma multiplicidade de tempos. Aqui se vê também como a crescente circulação do dinheiro modificou as principais estruturas da vida, da moral e da religião na Idade Média.
3) A usura é um pecado contra a justiça como sublinha em particular Santo Tomás de Aquino.[29] Ora, o século XIII é por excelência o século da justiça, que é a virtude eminente dos reis, como o demonstrou por seu comportamento, como homem e como rei, o rei de França São Luís.

---

[28] *La Doctrine de l'Eglise et les réalités économiques au XIIIe siècle*, PUF, 1967.
[29] Santo Tomás, *Suma teológica*, II a-II ae, qu. LXXVII, art. 4, ad secundum.

Maldito usurário

O século XIII acrescenta à natureza diabólica do dinheiro um novo aspecto que os grandes autores escolásticos foram buscar em Aristóteles, ele próprio grande descoberta intelectual do século XIII. Tomás disse depois de Aristóteles *"nummus non parit nummos"* ("o dinheiro não produz coisas pequenas" ou "o dinheiro não produz coisas baratas"). De modo que a usura é também um pecado contra a natureza, sendo a natureza a partir daquele momento, aos olhos dos teólogos escolásticos, uma criação divina.

Qual é então o destino inevitável do usurário? Para ele não há salvação, como mostram os escultores nos quais uma bolsa cheia de dinheiro pendurada no pescoço puxa o usurário para baixo, é uma descida ao inferno. Já o tinha dito o papa Leão I, o Grande, *"Fenus pecuniae, funus esta animae"* (aproveitar o dinheiro [de modo usurário] é a morte da alma).* Em 1179, o terceiro concílio de Latrão declarava que os usurários eram estranhos nas cidades cristãs e que a eles devia ser recusada a sepultura religiosa.

A usura é a morte.

Os textos narrando a morte horrível do usurário são numerosos no século XIII. Veja-se por exemplo o que diz um manuscrito anônimo da época: "Os usurários pecam contra a natureza querendo fazer com que do dinheiro nasça dinheiro, como de um cavalo nasce um cavalo e de um burro nasce um burro. Além do mais, os usurários são ladrões porque

---

*Ou, numa tradução mais ao pé da letra: "O lucro com o dinheiro emprestado [a usura] é o enterro [o funeral] da alma". (N. do T.)

vendem o tempo que não lhes pertence e vender um bem de outrem, seja quem for o possuidor, é um roubo. E não é só isso: como tudo que eles vendem é a expectativa do dinheiro, ou seja, o tempo, vendem dias e noites. Mas o dia é o tempo da luz e a noite o tempo do descanso. Em consequência eles vendem a luz e o descanso. Não é portanto justo que venham a ter a luz e o repouso eternos."[30]

Outra categoria profissional conheceu na mesma época uma evolução paralela. Foram os "novos intelectuais", aqueles que, mesmo não pertencendo às escolas monásticas ou catedrais, ensinavam aos estudantes, dos quais recebiam pagamentos, a *collecta*. São Bernardo, entre outros, criticou-os como "vendedores e comerciantes de palavras", porque vendem a ciência que, como o tempo, pertence só a Deus. No século XIII, esses intelectuais organizaram-se em universidades que por um sistema de prebendas garantiram não apenas o necessário a sua existência, mas de um modo geral um padrão de vida elevado, se bem que possam ser citadas universidades pobres. De todo jeito, a palavra nova desses novos intelectuais de certa maneira está ligada ao dinheiro que se interpõe em todas as atividades humanas, tanto as tradicionais como as novas.

Em uma das mais antigas sumas de confessores escritas no início do século XIII, está a de Thomas de Chobham, inglês formado pela universidade de Paris, da qual consta o seguinte: "O usurário quer conseguir proveito sem nenhum trabalho, até mesmo dormindo, o que vai contra o preceito do Senhor que estabelece: 'Comerás pão com o suor do teu rosto'" (Gênese 3, 19). Eis aqui um novo tema que contribui

---

[30]BN (Bibliothèque National) Paris, *Ms latin* 13472, f. 3vb.

em alto grau para o desabrochar do século XIII e que vai se cruzar com o avanço do dinheiro, a valorização do trabalho.

Durante a maior parte do século XIII, o único meio de escapar do inferno para o usurário era a restituição daquilo que ganhara cobrando juros, quer dizer, usura. A melhor restituição era aquela feita antes de sua morte, mas ele ainda poderia se salvar *post mortem* incluindo a restituição em seu testamento. Nesse caso, sua responsabilidade e seu risco de inferno transmitem-se aos seus herdeiros ou aos executores de seu testamento. Eis uma história contada no *Tabula exemplorum* [*Índice dos exemplos*] datando do fim do século XIII:

> Um usurário ao morrer legou por testamento todos os seus bens aos executores, aos quais pediu encarecidamente que tudo restituíssem. Tinha-lhes perguntado o que eles temiam mais no mundo. O primeiro respondeu: o fogo de Santo Antônio (o mal dos ardentes)* [...] mas depois de sua morte os legatários insaciáveis se apropriaram de todos os bens do morto. Sem tardança tudo o que o morto tinha invocado através de imprecações os afligiu, a pobreza, a lepra e o fogo sagrado.

Possuímos pouquíssimos documentos informando sobre a realidade das restituições de dinheiro pelos usurários na Idade Média. Alguns historiadores que não creem numa influência total da religião sobre os homens dessa época acham que essas restituições foram limitadíssimas. Quanto a mim, ao contrário, acho que a influência da Igreja sobre

---

*Mal dos ardentes ou fogo de Santo Antônio foi um tipo de erisipela gangrenosa que se espalhou como epidemia durante um certo período da Idade Média. (N. do T.)

os espíritos e o medo do inferno no século XIII devem ter motivado numerosíssimos casos de restituições, até porque alguns homens de Igreja, para orientar uma ação nesse sentido, escreveram tratados a que intitularam *De restutionibus*. Seja como for, o ato de restituição era considerado um dos mais penosos a cumprir. Temos um testemunho inesperado numa declaração de São Luís que Joinville nos revela:

> Dizia ele que era coisa má tomar o bem de outro porque restituir* era tão difícil que só pronunciar essa palavra já fere a garganta pelos *r* que ela tem, os quais reproduzem os forcados do diabo que sempre puxam o rabo dos que querem restituir o bem de outro. E o diabo age muito sutilmente com os grandes usurários e os grandes ladrões porque os excita de tal modo que os faz dar a Deus aquilo que deviam restituir.

A Igreja no século XIII não se contenta em prometer ao usurário o inferno, ela o aponta com o dedo ao desprezo e à reprovação dos homens. Um célebre pregador do início do século XIII, Jacques de Vitry, conta:

> Um pregador queria mostrar a todos que o ofício de usurário era tão vergonhoso que ninguém ousava confessá-lo. Assim, disse em seu sermão: "Quero vos dar a solução segundo vossas atividades e vossos ofícios: de pé os ferreiros!" e eles se levantaram. Depois de lhes ter dado a absolvição, disse

---

*No original o verbo utilizado é *rendre* (entregar, restituir, devolver, etc): *restituir*, além de ser, como se vê, um dos sentidos básicos desse verbo francês, serve perfeitamente bem ao mesmo propósito, "fere a garganta", pois não lhe faltam rascantes. (N. do T.)

o pregador: "De pé os peleteiros!",* e eles se levantaram; e, assim por diante, à medida que ele nomeava os diferentes ofícios de artesãos, eles se levantavam. Por fim gritou: "De pé os usurários para receber a absolvição!" Os usurários eram mais numerosos do que as pessoas de outros ofícios, mas por vergonha se omitiram. Sob risadas e zombarias, retiraram-se muito confusos.

Nesse mundo medieval, como bem mostrou Michel Pastoureau, o símbolo reina de modo absoluto e os animais fornecem uma rica coleção de modelos do mal. O usurário é frequentemente comparado a um leão violento, uma raposa pérfida, um lobo ladrão e glutão. Na linha metafórica, os pregadores e os escritores da Idade Média mostram frequentemente o usurário como animal que vai perder a pele na hora da morte porque sua pele são as riquezas roubadas no correr da vida. O animal mais utilizado para descrever simbolicamente o usurário é a aranha, e o imaginário medieval explora essa comparação e, com ela, pretende mostrar também o hábito dos usurários de prosseguir na ignomínia através de seus herdeiros. Veja como Jacques de Vitry fala do funeral de um usurário-aranha:

> Um cavaleiro me contou que encontrou um grupo de monges levando o cadáver de um usurário para enterrar. Disse o cavaleiro aos monges: "Eu vos deixo o cadáver do meu aranha e que o Diabo leve sua alma. Mas ficarei com a teia da aranha, quer dizer, com todo o seu dinheiro." É com razão que os usurários são comparados com as aranhas,

---

*Puristas sempre acusam a palavra de galicismo. E ela o é. Mas a verdade é que é muito mais usada no Brasil, mesmo entre os profissionais do ofício, do que o vernáculo "peleiros". Daí a preferência. (*N. do T.*)

que se esvazia de suas próprias vísceras para apanhar as moscas. Os usurários imolam ao demônio não apenas a si próprios mas também a seus filhos, arrastando-os ao fogo da cobiça [...]. Esse processo se perpetua com seus herdeiros. Alguns na verdade antes mesmo de nascerem seus filhos lhes deixam dinheiro para que eles se multipliquem pela usura e assim seus filhos nasçam peludos como Esaú e cheios de riquezas. Ao morrer, esses filhos deixam o dinheiro a seus filhos e estes recomeçam uma nova guerra contra Deus.

Sabe-se que a Igreja medieval, como Georges Dumézil mostrou com propriedade, classificou a sociedade em três gêneros de homens: os que rezam, os que combatem e os que trabalham. Jacques de Vitry acrescenta uma quarta categoria:

> O Diabo — diz ele — criou um quarto gênero de homem, os usurários, que não participam do trabalho dos homens e não serão castigados com os homens mas com os demônios. Porque a quantidade de dinheiro que eles recebem com a usura corresponde à quantidade de lenha enviada ao Inferno para queimá-los.

Às vezes Deus não espera a morte para entregar o usurário ao diabo e ao inferno. Os pregadores contam que muitos usurários, ao aproximar-se a morte, perdem o uso da palavra e não podem se confessar. Pior ainda, muitos morrem de morte súbita, que é para um cristão da Idade Média a pior das mortes, porque não deixa ao usurário tempo para confessar seu pecado.

Um dominicano do convento dos pregadores de Lyon, Etienne de Bourbon, contou no meado do século XIII um caso que parece ter tido ampla difusão e um grande sucesso. Eis a história:

Deu-se em Dijon por volta do ano do Senhor de 1240 que um usurário quis celebrar suas bodas com grande pompa. Foi levado com música à Igreja paroquial da Santa Virgem. Ficou sob o pórtico da Igreja para que sua noiva desse o consentimento e o casamento fosse ratificado segundo o costume pelas palavras rituais, antes da coroação do casamento pela celebração da missa e de outros ritos na igreja.[31] Quando o noivo e a noiva, cheios de alegria, iam entrar na igreja, um usurário de pedra, que tinha sido esculpido sobre o pórtico representando o momento de ser levado pelo Diabo para o inferno, caiu com sua bolsa na cabeça do usurário vivo que ia se casar. O noivo morreu. As núpcias se transformaram em luto, a alegria em tristeza.

Eis um exemplo chocante do papel excepcionalmente ativo que a Idade Média conferia à imagem e em particular à escultura. A arte se engaja a serviço da luta contra o mau uso do dinheiro.

A Idade Média consagrou uma verdadeira literatura de *thriller* à história e à morte dos usurários. O dinheiro da usura foi uma das armas mais fatais desse período. Eis um exemplo típico também contado por Etienne de Bourbon:

> Ouvi falar de um usurário gravemente doente que nada quis restituir, mas ordenou que fosse distribuído aos pobres seu celeiro cheio de trigo. Quando os empregados foram recolher o trigo, acharam-no transformado em serpentes. Ao saber disso, o usurário contrito restituiu tudo e determinou que seu cadáver fosse jogado nu no meio das serpentes para ser

---

[31] O casamento só passou a ser celebrado no interior de uma igreja a partir do século XVI, inclusive a parte essencial do consentimento dos noivos.

devorado por elas aqui na terra a fim de evitar que a alma fosse para o além. A ordem foi cumprida. As serpentes devoraram seu corpo e deixaram no celeiro apenas ossos esbranquiçados. Há quem acrescente que o trabalho fez as serpentes desaparecerem e tudo que restou para se ver foram os ossos brancos e nus.

A justificação progressiva do empréstimo a juros

Agora buscarei mostrar de que modo o empréstimo a juros, base da usura, foi pouco a pouco e em certa condição reabilitado durante o século XIII e sobretudo nos séculos XIV e XV. Essa reabilitação se justifica pelo desejo dos usurários de permanecerem bons cristãos e de uma parte da Igreja de salvar os piores pecadores introduzindo nas concepções da vida do homem e da sociedade as melhorias que a evolução histórica lhes parecia exigir, e mais que tudo a evolução do dinheiro. Veremos então, numa sociedade daquele momento em diante submetida às práticas monetárias, como evoluíram os valores fundamentais a que a existência do homem e da sociedade obedece na cristandade do século XIII, na qual acreditei ver o que chamei de "uma descida dos valores do céu sobre a terra".[32] O primeiro desses valores que se impuseram durante todo o século XIII foi a justiça. Porém acima dela está a *caritas*, quer dizer, o amor. Ver-se-á como a difusão do dinheiro pode se conciliar com essa exigência de *caritas*, que remete antes a uma economia da

---

[32] Publicado em *Odysseus. Man in History-Anthropology-History Today* [Odisseu. Homem em História-Antropologia-História Hoje], Moscou, 1991, pp. 25-47. Texto francês em Jacques Le Goff, *Héros du Moyen Âge; le saint et le roi* [Heróis da Idade Média; o santo e o rei], Gallimard, Quarto, 2004, pp. 1265-1287.

doação, segundo uma concepção diferente daquela de Marcel Mauss, autor do célebre *Essai sur le don, forme archaïque de l'échange* [Ensaio sobre a doação, forma arcaica da troca] (1932-1934). Acrescente-se o efeito da valorização do trabalho, que introduziu uma dimensão particular no uso e na difusão do dinheiro, especialmente pela importância do assalariado. Contentar-me-ei aqui em indicar aquele que me parece ter sido o primeiro meio utilizado pela sociedade da Idade Média, e em particular pela Igreja, para que o usurário não fosse fatalmente, e sem exceção, lançado ao inferno.

Tentei explicar há alguns anos que na segunda metade do século XII no Ocidente surge, no que diz respeito ao além, que é a preocupação maior de todos os cristãos, um além intermediário, o purgatório.[33] Durante um tempo proporcional ao número e à gravidade dos seus pecados no momento de sua morte, o cristão sofre nesse além um certo número de torturas de caráter infernal, mas escapa do inferno perpétuo. Assim, quando tiverem expiado suficientemente seus pecados no Purgatório, ou mais tarde, quando o Juízo Final só deixa, face a face com a eternidade, o paraíso e o inferno, alguns usurários cujo caso não for irremediável podem escapar do inferno e, como os outros artesãos de que fala Jacques de Vitry, serão recebidos no paraíso. A primeira salvação conhecida de um usurário pelo Purgatório está no tratado do cisterciense alemão Cesário de Heisterbach, em seu *Dialogus magnus visionum ac miraculorum* [Grande diálogo das visões e dos milagres], cerca de 1220, no qual ele conta a história de um usurário de Liège:

---

[33]*La Naissance du Purgatoire* [O nascimento do purgatório], Paris, Gallimard, 1981.

Um usurário de Liège morreu em nossa época. O bispo proibiu seu enterro no cemitério. A mulher do usurário dirigiu-se à sé apostólica para implorar que ele fosse enterrado em terra santa. O papa recusou. Ela queixou-se então por seu esposo: "Disseram-me, Senhor, que marido e mulher são uma única pessoa e que segundo o Apóstolo o homem infiel pode ser salvo pela mulher fiel. O que meu marido deixou de fazer, eu, que sou parte do seu corpo, farei com prazer em seu lugar. Estou pronta a me enclausurar pelo bem dele e a resgatar seus pecados diante de Deus." Cedendo às preces dos cardeais, o papa autorizou o enterro do homem no cemitério. A viúva passou a morar junto do túmulo dele, manteve-se como enclausurada, e se esforçou noite e dia para agradar a Deus pela alma do defunto, com esmolas, jejuns, orações e vigílias. Depois de sete anos, o marido apareceu-lhe vestido de preto e a ela agradeceu: "Deus ouviu tuas preces, pois graças a teus sacrifícios fui tirado das profundas do inferno e terminaram as mais terríveis penas. Se me prestares ainda os mesmos serviços durante mais sete anos, estarei completamente livre." Ela assim fez. Ele de novo apareceu-lhe ao fim de sete anos, mas desta vez vestido de branco e com ar feliz: "Dou graças a Deus e a ti porque hoje fui libertado."

Cesário explica em seguida que o estágio intermediário do usurário de Liège entre a morte e a libertação de sua alma graças à mulher é o purgatório. Eis o mais antigo testemunho conhecido de um usurário salvo pelo recente purgatório. É verdade que evidentemente o purgatório não foi criado para salvar o usurário do inferno, mas, numa concepção muito mais vasta e renovada do além, o que fica é que entre o purgatório e o dinheiro a história do usurário de Liège apresenta uma ligação. De agora em diante, poder-se-á dizer com Nicole Bériou que na cristandade o espírito de lucro se situa "entre o vício e a virtude".[34]

O purgatório, claro, não é o principal meio de salvar o usurário do inferno a partir do século XII. Uma evolução tendendo a identificar condições que tornam possível o que a Igreja medieval chamava de usura, ou usuras, deu-se lentamente no curso do século XIII e até o fim do século XV. Lembremos que a usura corresponde então ao empréstimo com juros e, mais particularmente, à cobrança de juros sobre o dinheiro emprestado. Ora, o grande avanço da difusão e do uso do dinheiro de que se falou tem como consequência uma importante evolução do endividamento praticamente em todas as classes sociais da sociedade ocidental do século XIII. Esse endividamento, já o vimos, atinge particularmente os camponeses, que até então não manipulavam nem tinham dinheiro a não ser de modo limitado, mas que são obrigados, naquilo que Marc Bloch chamou a segunda fase da feudalidade, a dispor de moeda, especialmente pela transformação de numerosas taxas *in natura* em taxas em dinheiro. Em algumas regiões, o campo foi um domínio privilegiado no qual pôde prosseguir o enriquecimento dos emprestadores judeus, cada vez mais substituídos por cristãos. Porém mais comumente, os emprestadores do campo foram ou emprestadores urbanos cristãos ou homens do campo ricos que descobriram no empréstimo aos camponeses pobres e endividados o meio

---

[34]Nicole Bériou, "L'esprit de lucre entre vice et vertu: variations sur l'amour de l'argent dans la prédication du XIII siècle" [O espírito de lucro entre vício e virtude: variações sobre o amor ao dinheiro na pregação do século XIII], em *L'Argent au Moyen Âge* [O dinheiro na Idade Média], Paris, Publications de la Sorbonne, 1998, pp. 267-287.

para aumentar o crescimento de suas rendas, consolidando assim a existência de uma classe camponesa rica.

Geralmente, a evolução das regulamentações eclesiásticas e principescas e das mentalidades condenando o uso do dinheiro foi continuando com a evolução das regulamentações relativas ao mercado. Com efeito, desde o século XI, e especialmente pelo uso da chamada Paz de Deus ou da Paz do Príncipe, os comerciantes foram protegidos pela Igreja e pelos senhores, aos quais competia justificar essa atitude. Duas motivações especiais foram mantidas. A primeira foi a utilidade. O cristianismo medieval jamais distinguira com clareza o bom, nem mesmo o belo, do útil. O aumento dos meios de subsistência e das necessidades vitais das populações medievais, principalmente nas cidades, justificou pouco a pouco, a partir do século XII, as atividades dos camponeses por sua utilidade: elas proporcionavam ao conjunto ou a certas categorias de cristãos produtos de que eles tinham necessidade ou desejo. Entre as necessidades, se a primeira foi sem dúvida a do pão, alimento fundamental do Ocidente, não se pode esquecer o sal marinho ou das minas e, entre os produtos desejados, pode-se pensar nos que tinham maior sucesso: as especiarias, as peles, as sedas.

O trabalho e o risco

A segunda grande justificativa de um benefício mercantil foi a recompensa do trabalho. Na alta Idade Média, o trabalho durante longo tempo foi desprezado pelo cristianismo, considerado consequência do pecado original. A terceira categoria que o sistema ternário definia, os *laboratores*, quer dizer, os trabalhadores, designava essencialmente os camponeses que constituíam a base da escala social feudal. A atitude dos monges, principais difusores de valores na alta Idade Média, era ambígua. Se a regra de São Bento em particular tornava obrigatório o trabalho manual, este era sobretudo uma forma de contrição, e numerosos monges o abandonavam aos irmãos leigos.* Ora, a partir do século XII o trabalho foi objeto de uma reavaliação marcante no sistema de valores e de prestígio social das pessoas da Idade Média, de modo quase paralelo quanto à reavaliação da pessoa e do papel da mulher, favorecida pelo grande impulso do culto marial. O Homem, até então essencialmente apresentado como uma criatura punida e sofredora à imagem de Jó, torna-se, como o chamou a Igreja comentando o Gênese, uma criatura feita por Deus à sua imagem quando da Criação, primeiro trabalho executado na história por Deus que, fatigado, descansou no sétimo dia. O homem trabalhador torna-se assim um colaborador de Deus em sua construção do mundo, colaborador que se esforçava para corresponder às intenções que o Criador tinha em relação a ele.

Além desses dois valores essenciais para a reabilitação dos comerciantes, e logo dos usurários, os escolásticos do século XIII elaboraram princípios que legitimavam para um emprestador a exigência e o recebimento de uma recompensa financeira ligada à importância do dinheiro emprestado, o juro.

---

*Irmãos leigos são pessoas que vivem nos mosteiros ou conventos mas não recebem o sacramento da ordem, de modo que se dedicam sobretudo aos trabalhos manuais e aos serviços domésticos, pois a clausura não admite a presença de mulheres, habitualmente as executoras desses trabalhos. (*N. do T.*)

A primeira justificativa que do comerciante se estendeu ao emprestador foi a do risco que ele corria. Separo-me aqui de Alain Guerreau, de quem aprecio em geral a visão extremamente pertinente sobre a sociedade medieval. Sylvain Piron mostrou com clareza como o termo *resicum* apareceu entre os notários e os comerciantes mediterrâneos no fim do século XII e início do século XIII. Essa palavra só entrou no vocabulário e na reflexão dos teólogos escolásticos por intermédio do dominicano catalão Raymond de Penafort, que a utilizou a propósito do "empréstimo marítimo" (*foenus nauticum*).[35] Os homens da Idade Média tiveram durante muito tempo um medo particular do mar e, se o itinerário pelas estradas estava ameaçado pelos senhores ambiciosos quanto aos direitos sobre a circulação, e ameaçado mais ainda pelos bandidos, especialmente na travessia das florestas, o grande lugar de perigo que pintores e ex-votos ilustram é o mar. Quando o mar não ameaçava a vida do mercador, ameaçava a entrega a bom porto de suas mercadorias, e a frequência dos naufrágios, mais ainda do que os piratas, justificava que fosse levado em consideração o risco de um juro, de uma usura, o *damnum emergens, periculum sortis, ratio incertitudinis* [perda emergente, perigo da sorte, razão da incerteza].

---

[35] A. Guerreau, "L'Europe médiévale: une civilisation sans la notion de risque", em *Risques. Les Cahiers de l'assurance*, n° 31, 1997, pp. 11-18. *Pour une histoire culturelle du risque. Genèse, évolution, actualité du concept dans les sociétés occidentales*, Estrasburgo, Ed. Histoire et Anthropologie, 2004. Ver igualmente Pierre Toubert, "La perception sociale du risque dans le monde méditerranéen au Moyen Âge. Quelques observations préliminaires", em *Les Sociétés méditerranéennes face au risque*, edição de Gérard Chastagnaret, Institut français d'archéologie orientale, 2008, pp. 91-110. Sylvain Pirron, "L'apparition du *resicum* em Méditerranée occidentale aux XIIe-XIIIe siècles", em *Pour une histoire culturelle du risque. Genèse, évolution, actualité du concept dans les sociétés occidentales, op. cit.*, pp. 59-76.

Outra justificação para a suspensão dos juros foi a renúncia a tirar benefício direto do dinheiro emprestado durante a duração do tempo do empréstimo (*lucrum cessans*), assim como a recompensa do trabalho do qual esse dinheiro era consequência (*stipendium laboris*).

Por um lado, a legitimidade emergia lenta e dificilmente, por causa das pesadas condenações por usura e pela evocação do inferno prometido ao usurário. Mas essas causas continuaram a existir muito amplamente no século XIII. Por outro lado, nos lugares onde o empréstimo com juros, e portanto a usura, foi tolerado, descobriu-se um outro grande princípio, a ideia de justiça. Nesse domínio, a justiça expressava-se essencialmente pela taxa de juros razoável. Essa taxa, apesar de tudo, permanecia num nível que hoje seria visto como altíssimo, cerca de 20%. Mas, principalmente na segunda metade do século, o empréstimo a juros, em particular aos olhos da Igreja, foi posto na balança entre o desejo tradicional de condená-lo e de proscrevê-lo e a tendência nova de justificá-lo em certos limites. Vê-se isso no tratado *De usuris* [Sobre os dinheiros emprestados a juros] escrito no fim do século XIII provavelmente por um discípulo de Alberto Magno, Gilbert de Lessines: "A dúvida e o risco não podem apagar o espírito de lucro, quer dizer, desculpar a usura, mas quando há incerteza e absolutamente não se age por cálculo, a dúvida e o risco podem equivaler à equidade e à justiça."

Em torno da usura, certo número de problemas em relação ao dinheiro foi objeto de discussão na universidade de Paris no fim do século XIII por ocasião dos *quodlibets*, gênero de debates em que era permitido abordar todos os assuntos, em particular os que diziam respeito à atualidade. Entre os anos de 1265 e 1290, o mais célebre mestre da universidade de Paris na época, Jean de Gand, discutia com os mestres Matthieu d'Acquasparta, Gervais de Mont-Saint-Eloi, Richard de Middleton e Godefroy de Fontaines sobre as rendas temporárias ou perpétuas. O debate se orientou pela questão de saber se se tratava ou não de usura. As opiniões se dividiram, mas essa discussão indica que, a partir provavelmente do problema da usura e do que ela encobria, as novas práticas econômicas acerca do uso do dinheiro ou avaliação em dinheiro incluíam um ponto de vista ético no domínio dos teólogos.[36]

Se esses problemas preocupavam os teólogos, atormentavam mais ainda os comerciantes e os emprestadores que pretendiam a um tempo, como cristãos que eram, forçosamente escapar do inferno, mas também enriquecer. Expressei recentemente suas hesitações em um estudo intitulado *La Bourse et la vie*.*

Dessa mutação de mentalidades a respeito do dinheiro, citemos o exemplo tirado da soberba obra de Chiara Frugoni, *L'Affaire migliore di Enrico: Giotto e la cappella degli Scrovegni* [O melhor caso de Enrico: Giotto e a capela dos Scrovegni]. A história valoriza a extraordinária reviravolta na imagem da família Scrovegni que representa a construção da capela ornamentada pelos afrescos de Giotto que Enrico Scrovegni administrou no início do século XIV em Pádua. A família Scrovegni é um exemplo paduano dos

---

[36]Ian P. Wei, "Intellectuals and money: Parisian disputations about annuities in the thirteenth century" [Intelectuais e dinheiro: debates parisienses sobre anuidades no século XIII], em *Bulletin of the John Rylands University Library of Manchester*, volume 83, n° 3, 2001, pp. 71-94.
*Há edição brasileira: *A bolsa e a vida — Economia e religião na Idade Média*, Rio, Civilização Brasileira, 2007, tradução de Marcos de Castro.

nouveaux riches* do longo século XIII. O pai foi incluído por Dante entre os usurários do inferno. O filho Enrico continua os negócios do pai e até os desenvolve, mas exprime sua *caritas* mandando construir essa capela dedicada a Nossa Senhora e aos pobres, na qual Giotto modifica a ordem de representação das virtudes e dos vícios. Enrico, que morre exilado em Veneza por motivos puramente políticos, deixa, de alguma forma, a imagem de um grande benfeitor, o usurário se tornou caça do paraíso.

Na Igreja, os mais sensíveis a esses problemas de dinheiro foram as novas ordens mendicantes, dominicanos e sobretudo franciscanos. O debate se deslocou e, sob novas formas, torna-se um dos grandes assuntos da Idade Média. Como tinha havido no domínio da alimentação o grande combate do carnaval e da quaresma, houve no domínio do dinheiro o grande combate entre riqueza e pobreza.

---

*Por se tratar de expressão clássica da língua francesa, mantive-a no original nesta primeira vez em que ela surge a fim de chamar a atenção para esse fato (da expressão consagrada). Daqui para a frente, porém, passo a usá-la em vernáculo, no qual ela também já tem seu trânsito, embora ainda não tenha a mesma força expressiva. (N. do T.)

8. Riqueza e pobreza novas

Mas esse combate era entre uma riqueza nova e uma pobreza nova. Estamos num século no qual acaba de se dar o que chamei "a descida dos valores do céu sobre a terra". A riqueza é nova. Não mais a da terra, dos senhores e dos mosteiros, mas a dos burgueses, dos comerciantes, daqueles a que chamamos usurários e que logo vão se tornar banqueiros. É a riqueza expressa em valores monetários, quer se trate de moedas reais ou de moedas de conta.

Acontece que essa riqueza nova tem mais uma significação social do que uma importância puramente econômica. Os novos ricos tomarão lugar entre os poderosos da sociedade cristã porque, diante de sua nova riqueza, uma nova pobreza agirá não mais na categoria da cobiça e dos vícios, mas da *caritas*, de que já falei, e das virtudes. Durante todo o século XIII o dinheiro transitou, como mostrou com perfeição Nicole Bériou, entre o vício e a virtude. Já em 1978, o historiador americano Lester K. Little explicou como a pobreza religiosa e a economia de proveito tinham conseguido um meio de coabitar na Europa medieval.[37] Havia muito tempo o dinheiro se insinuara no imaginário cristão. No início do século XII o monge francês Geoffroy de Vendôme comparava a hóstia consagrada a uma moeda da melhor cunhagem, seu formato circular lembrava o formato de uma moeda como a capacidade da hóstia de equivaler à salvação correspondia à capacidade da moeda de representar um valor. Já no tempo dos Padres da Igreja, Santo Agostinho tinha feito do Cristo o primeiro comerciante cujo sacrifício resgatara a humanidade. Era o "comerciante celeste". Mas desde o século XII, e essencialmente no século XIII, uma riqueza nova se impunha na cristandade.

Novos pobres

A essa riqueza nova se opunha uma pobreza nova. Pobreza que não era mais uma das consequências do pecado original, não era mais uma pobreza de Jó, mas uma pobreza valorizada, ligada à mudança da imagem de Jesus na espiritualidade cristã. Jesus era cada vez menos o que tinha sido nos primeiros séculos do cristianismo, o homem-Deus que ressuscitara, o grande vencedor da morte. Tinha se tornado o homem-Deus que dera ao homem o modelo da pobreza simbolizada pela nudez. De todos os movimentos que após o ano mil tentaram ressuscitar o cristianismo primitivo, a volta

---

[37] Lester K. Little, *Religious Poverty and the Profit Economy in Medieval Europe* [Pobreza religiosa e economia de proveito na Europa medieval], Paul Elek Ltd, Londres, 1978.

aos apóstolos, a inspiração sempre mais forte fora aquela que levava à reforma, à renovação em busca da volta às fontes, a "seguir nu o Cristo nu". Exatamente como a riqueza nova resultava do trabalho, a pobreza nova resultava de um esforço, de uma escolha, era uma pobreza voluntária, e não se compreenderá bem como o dinheiro se impôs à sociedade medieval se não se distinguirem estes dois tipos de pobreza: uma sofrida, outra voluntária.[38]

Frantisek Graus mostrou que na alta Idade Média havia pobres no campo, mas o grande lugar onde cresceu e se instalou a pobreza na Idade Média foi a cidade. É portanto normal que a luta contra a pobreza nova seja essencialmente o fato de que as novas ordens religiosas, ao contrário das precedentes, se instalam nas cidades, e especialmente os franciscanos.

Em todos os sentidos da palavra, Francisco de Assis se afirma pela recusa ao dinheiro.[39] Renega seu pai comerciante, põe-se nu como Jesus, vive na pobreza, prega na pobreza. E depois, paradoxalmente, os que desprezam a riqueza nova, tentando promover a pobreza nova, chegarão a um resultado ambíguo, talvez oposto. Lester K. Little declarou que em 1261 o arcebispo de Pisa, pregando na igreja dos franciscanos, fez de Francisco de Assis o padroeiro e o protetor dos comerciantes. O historiador italiano Giacomo Todeschini foi mais longe. Considera que, desde o fim de sua vida, Francisco promoveu o reencontro da pobreza com a cultura urbana

---

[38] O grande historiador do século XX da pobreza medieval foi Michel Mollat. Os estudos apresentados em seu seminário foram editados sob sua direção em 1974 nas Publications de la Sorbonne sob o título *Études sur l'histoire de la pauvreté*, 2º vol., e ele próprio foi autor de uma notável síntese, *Les Pauvres au Moyen Âge*, Paris, Hachette, 1978.

[39] Dedicarei mais adiante um capítulo especial sobre a ligação entre as ordens mendicantes e o dinheiro (Cf. Capítulo 13).

marcada pelo dinheiro que se desenvolvia na Itália do Norte e do Centro. Durante todo o século XIII os franciscanos, segundo Todeschini, não cessaram de definir e de justificar uma riqueza franciscana que os levou "da pobreza voluntária a uma sociedade de mercado". Todeschini fundamenta-se sobretudo em um tratado do franciscano do Languedoc Pierre de Jean Olivi (1248-1298), autor de *De contractibus* (cerca de 1295).[40]

Mais interessante talvez, porque mais bem ancorado na vida cotidiana, um registro dos frades menores de Pádua e de Vicência (1263-1302), que menciona os depósitos, vendas, compras e outros contratos feitos pelos franciscanos dessas duas cidades, contém mais menções de preços em dinheiro do que aquisições e trocas de terras, o que mostra que os frades menores, mesmo vivendo na pobreza, ainda que mais frequentemente por intermédio dos leigos que efetuam as operações em seu nome, estão mais integrados na economia que avança do que na velha economia rural.[41]

Sobretudo as ordens mendicantes, e principalmente os franciscanos, tinham feito surgir da pobreza voluntária os meios espirituais e sociais para atrair a riqueza nova no sentido dos pobres. Em grande parte sob sua influência, a

---

[40] Sobre Pierre de Jean Olivi, ler o livro organizado por Alain Bourreau e Sylvain Piron, *Pierre de Jean Olivi, pensée scolastique, dissidence spirituelle et société* [Pierre de Jean Olivi, pensamento escolástico, dissidência espiritual e sociedade], Paris, Vrin, 2000, e a tradução do *De contractibus*, por Sylvain Piron. De Sylvain Piron também se deverá consultar o artigo "Marchands et confesseurs, le *Traité des contracts* de Olivi dans son cotexte (Narbonne, fim do século XIII, início do século XIV)" em *L'Argent au Moyen Âge*, Publications de la Sorbonne, 1998, pp. 289-308.
[41] O *"Liber contractuum" dei Frati Minori di Padova e di Vicenza (1263-1302)*, publicado por E. Bonato, Roma, Viella, 2002. Ver a esse respeito o artigo de André Vauchez "Francescanesimo veneto. A proposito del 'Liber contractuum'", em *Il Santo*, 2003, pp. 665-670.

Igreja e os poderosos leigos se esforçaram no século XIII para combater a nova riqueza e promover a nova pobreza através de formas especiais daquilo que sempre tinha sido uma das atividades essenciais da Igreja em primeiro lugar e, depois, daqueles entre os cristãos que tinham meios para isso e aos quais o *status* social permitia: as obras a que chamamos caridosas e a que chamavam mais habitualmente na Idade Média de misericórdias, a misericórdia dos homens tendo como fundamento a misericórdia de Deus. Essa misericórdia se manifesta especialmente pela atenção ao corpo, esse corpo que foi o do Cristo sofredor e que deve ressuscitar. Maciço e impressionante foi no século XIII o grande desenvolvimento das fundações e do funcionamento dos hospitais. Surgidos desde a alta Idade Média e postos sob a responsabilidade dos bispos, gozavam de autonomia jurídica que lhes permitia receber doações e beneficiar-se de testamentos. O avanço monetário do século XIII e a entrada em atividade de uma nova caridade podem assim se exercer amplamente em favor dos hospitais e formam-se verdadeiras ordens religiosas com vocação hospitalar. Uma dupla rede se desenvolve: de um lado os asilos, nos quais se dava alimentação aos pobres e também abrigo noturno, a eles e aos peregrinos; de outro lado os grandes hospitais no qual se internavam os doentes, as mulheres que iam dar à luz, órfãos e crianças abandonadas. A gestão financeira dos hospitais era frequentemente confiada a um administrador nomeado pelo bispo ou pelo patrono leigo. Além das doações avulsas ou sucessivas, os hospitais recebiam recursos de tipos diversos, seja de natureza variada (roupas, panos em geral), seja em dinheiro (subscrições, esmolas). O tamanho e a beleza de alguns hospitais subsistentes do fim da Idade Média mostram o alcance das somas investidas neles e nos levam a imaginar como eles eram considerados importantes. Mais ligado à estrada na alta Idade Média, o hospital nos séculos XII e XIII liga-se principalmente ao desenvolvimento urbano como se pode ver na França, especialmente em Angers, Beaune, Lille e Tonnerre. Falou-se na generosidade das esmolas dadas aos hospitais. A evolução da esmola está estreitamente ligada ao surgimento da riqueza e da pobreza novas, como aquela que os franciscanos tiveram de conhecer.

Não seria preciso, todavia, exagerar o papel dos franciscanos nem deformar sua motivação nem a da Igreja. Já no início do século XIII, quando pela primeira vez a Igreja canonizou um comerciante, Santo Homebon de Cremona, afirmou-se explicitamente que isso não se deveu à sua profissão, mas, ao contrário, porque ele a tinha rejeitado e consagrara-se à pobreza voluntária. O próprio São Francisco jamais transigiu com o dinheiro e Pierre de Jean Olivi foi um franciscano marginal, de resto em parte condenado depois de sua morte, e seu *De contractibus* veio a ser um tratado único no gênero.* Aquele que ainda no fim do século XIII representa a atitude quase geral da Igreja em relação ao dinheiro e em particular à usura é o *De usuris* de Gilbert de Lessines, no qual, já o vimos, mantém-se sempre a condenação às usuras,

---

*O francês Pierre de Jean Olivi, mais conhecido apenas como Pierre Olivi (ou Pierre Olieu, 1248-1298), veio a ser acusado falsamente de iluminismo, segundo o *Grand Larousse Encyclopédique*, mas teve oportunidade de se justificar. Depois da morte, alguns devotos o honraram como a um santo, mas quando João XXII opôs-se aos assim chamados *espirituais* e em 1326 condenou uma outra obra de Olivi, *Exposição do Apocalipse*, suas cinzas foram dispersadas. Há entretanto os que o situam entre os melhores mestres franciscanos. O iluminismo, explique-se, é uma doutrina metafísica e mística fundamentada na crença em uma iluminação inspirada diretamente por Deus (sempre segundo o Larousse). (*N. do T.*)

ainda que se manifeste uma certa indulgência. O essencial no domínio do dinheiro, como em todo domínio no século XIII, é a moderação, o desejo de justiça. Vê-se isso melhor ainda na doutrina e na prática do "justo preço", sobre as quais voltarei a falar.[42]

O controle dos preços

Por ser a fome um dos grandes medos das pessoas da Idade Média, os preços dos cereais, que constituem a base do preço do pão, são rigorosamente controlados pelas autoridades municipais. Parece, segundo dados muito incompletos que possuímos, que esses preços estiveram em alta constante no século XIII, ainda que variassem conjunturalmente durante o ano, em função principalmente da situação climática e da maior ou menor abundância das colheitas: prova de que a vida dos homens e das mulheres da Idade Média — e em particular o consumo alimentar — está estreitamente ligada à natureza. A difusão do dinheiro na vida econômica em geral e na vida cotidiana não elimina senão muito fragilmente essa dependência, que testemunha a fraqueza relativa do impacto do dinheiro sobre a atividade medieval.

Se o problema dos preços é, na prática, o negócio dos produtores, dos vendedores e dos reguladores institucionais dos mercados, os juristas e os teólogos dele tratam com cuidado no quadro da discussão que diz respeito à justiça, preocupação essencial do século XIII. Do ponto de vista jurídico, os canonistas, que desenvolvem um direito específico segundo a

---
[42] Ver o Capítulo 15, "Capitalismo ou *caritas*?".

visão religiosa, parecem seguir as teorias dos romanistas, que reerguem o direito romano a partir do século XII. Entretanto, os historiadores que se ocuparam desse problema medieval, como John Baldwin e Jean Ibanès, acreditaram vislumbrar uma novidade na reflexão, na passagem do direito romano ao direito canônico. Localizaram particularmente no canonista Henri de Suse, dito Hostiensis, morto em 1270, cuja *Summa aurea* (cerca de 1250) foi fortemente inspirada nas ideias e nos comportamentos de muitos papas do século XIII. Hostiensis, doutor tanto em direito romano como em direito canônico, modificou de maneira significativa a concepção do preço. Os romanistas consideram que o preço é determinado pelo acordo das partes contratantes, quer dizer, por uma negociação ativa que se exerce segundo sua lógica própria e não está subordinada a nenhuma norma exterior. Os canonistas desenvolvem a tese nova de um justo preço existente em si, fora do acordo das partes contratantes, e que portanto substitui uma lei empírica por uma intenção normativa. Se, como mostrou John Baldwin, o preço justo é em geral na Idade Média aquele que se impõe concretamente aos comerciantes locais, sua principal característica é a moderação, o que o aproxima do ideal de justiça procurado por todos. Entretanto, na verdade, os comerciantes, e em particular aqueles que têm um longo raio de ação, os que chamaríamos de exportadores, esforçam-se para obter um proveito máximo, o que os inclina a um comportamento usurário e levanta a suspeição, talvez a condenação da Igreja e até das instituições leigas. Os preços variam bastante durante o longo século XIII segundo o movimento situado por Nicole Bériou "entre o vício e a virtude".

Associações e companhias

No século XIII, a necessidade de responder a uma circulação crescente de dinheiro e de estabelecer uma solidariedade entre artesãos e comerciantes proporciona o surgimento de diversas formas de associações, como existem em outros domínios das confrarias ou das caridades. Uma obra excepcional como o *Livro dos ofícios* do preboste de Paris Etienne Boileau, no fim do reinado de São Luís (cerca de 1265), mostra simultaneamente a extrema fragmentação das atividades artesanais em ofícios muito especializados, a importância relativamente secundária do dinheiro na estrutura e no funcionamento desses ofícios — nos quais a aprendizagem é gratuita e depende antes das relações sociais que das possibilidades financeiras — e como ainda é estreita a regulamentação da vida econômica. A difusão do dinheiro amplificou o desenvolvimento da escrita, assim como a existência dos manuais de aritmética, que se multiplicam a partir do século XIII. A sedentarização cada vez maior do comerciante, que reduz a partir do século XIII a importância das feiras (ainda que elas permaneçam importantes para a troca e a utilização do dinheiro até o fim da Idade Média como o demonstram as feiras de Lyon e de Genebra no século XIV), leva à multiplicação de contratos e de associações pelos quais o comerciante pôde aumentar a rede de seus negócios. E ainda tornaram um fato mais comum recorrer ao dinheiro, quer se tratasse de transferência de dinheiro real como de avaliação em moeda de conta.

Uma forma difundida de associação foi o contrato de *commenda*, também chamado de *societas maris* (*sociedade do mar*) em Genebra e de *collegantia* em Veneza. Os contratantes se associavam nesses para repartir os riscos e as vantagens, porém quanto ao resto as relações entre essas associações eram as de quem empresta e de quem pede o empréstimo.[43] Os tipos de contrato de associação no caso do comércio de terras eram mais numerosos e é possível dividi-los em dois tipos fundamentais, a *compagnia* e a *societas terrae* (*sociedade da terra*). Ao contrário dos contratos de comércio marítimo, estes contratos eram concluídos por certo lapso de tempo, de um a quatro anos.

Em torno de alguns comerciantes e de algumas famílias desenvolveram-se organizações complexas mais ou menos poderosas às quais frequentemente se deu o nome de companhias, embora diferentes daquelas que recebem esse nome na

---

[43]No contrato de *commenda* puro e simples, um comanditário adianta a um comerciante itinerante o capital necessário para uma viagem de negócios. Se há perda, aquele que emprestou tem de arcar com todo o prejuízo financeiro do empréstimo, enquanto aquele que pediu emprestado arca apenas com a perda do valor de seu trabalho. Se há ganho, o emprestador que ficou em casa é reembolsado e recebe uma parte dos benefícios, em geral as três quartas partes. Nessa *commenda*, para a qual as denominações de *societas* ou *collegantia* são mais apropriadas, o comanditário que não viaja adianta os dois terços do capital enquanto o que pede o dinheiro contribui com um terço do capital e com o seu trabalho. Se há perda, é dividida proporcionalmente em relação ao capital investido. Se há ganho, os benefícios são divididos pela metade. Em geral, esse contrato era feito por uma viagem. Podia especificar a natureza e a destinação do empreendimento ao mesmo tempo que suas condições — por exemplo, a moeda na qual seriam pagos os benefícios — ou deixar toda a liberdade de ação a quem tinha feito o empréstimo, que, com o tempo, cada vez adquiria mais independência. Eis o texto de um desses contratos efetuado em Gênova: "Testemunhas: Simone Bucuccio, Ogerio, Peloso, Ribaldo di Sauro e Genoardo Tosca. Stabile e Ansaldo Garraton formaram uma *societas*, para a qual, segundo suas declarações, Stabile entrou com uma contribuição de 88 liras, e Ansaldo de 44 liras. Ansaldo leva esse capital, para fazê-lo frutificar, a Túnis, ou a qualquer lugar onde precise ir de navio no qual ele embarcará — a saber o navio de Baldizzone Grasso e de Girardo. Ao voltar, encaminhará os benefícios a Stabile ou a seu representante para a partilha. Feita a dedução do capital, dividirão os proveitos meio a meio. Feito na casa do Capítulo, a 29 de setembro de 1163." Finalmente, Stabile dá autorização a Ansaldo para que envie esse dinheiro a Gênova pelo navio que ele escolher.

economia contemporânea. Essas companhias, no princípio constituídas na França do Sul e sobretudo na Itália do Norte, receberam nomes que lembravam sua origem e que permaneceram, ainda quando a sede geográfica mudara: os caorsinos, na França, e do lado dos italianos os lombardos — não poucas vezes originários de Asti —,[44] assim como na Itália central os de Sena e os florentinos. Essas companhias passaram, na segunda metade do longo século XIII, da atividade essencial de troca a uma atividade mais diversificada, mais complexa e mais especuladora de verdadeiros bancos. Bancos que se modernizaram e tornaram mais eficiente a compatibilidade (em particular o sistema de compatibilidade pela divisão em duas partes). A principal inovação técnica dos banqueiros foi a lenta difusão a partir da segunda metade do século XIII da letra de câmbio, sobre a qual entrarei em detalhes mais adiante.[45] Desenvolve-se em consequência um mercado de trocas que, veremos, torna-se mais ativo nos séculos XIV e XV e introduz numa grande parte da cristandade uma viva especulação.

---

[44] Somos bem informados quanto a essa atividade de empréstimo e de crédito, principalmente no meio desses banqueiros chamados lombardos, graças às pesquisas e às publicações do Centro studi sui Lombardi e sul credito nel medioevo, criado em Asti no fim do século XX. Ver em particular *Credito e società: le fonti, le techniche e gli uomini, secc. XIV-XVI*, 2000; *Politiche del credito. Investimento, consumo, solidarietà*, 2004; *Prestito, credito, finanza in età basso-medievale*, 2007. Esse centro durante muito tempo foi dirigido por Renato Bordone, professor da Universidade de Turim, ele mesmo responsável pela publicação de importantes trabalhos sobre a atividade dos lombardos. O fenômeno do endividamento assume uma importância tal que a justiça real francesa criou um delito que levava à prisão do Chatelet por questões de dívidas feitas em Paris. A punição por dívida assume grande importância no fim da Idade Média e vai além do reino da França. Foi objeto de um estudo coletivo sob a direção de Julie Claustre, *La Dette et le Juge* [A dívida e o juiz], abrangendo a França, a Itália, a Espanha, a Inglaterra e o Sacro Império, do século XIII ao século XV, Paris, Publications de la Sorbonne, 2006.
[45] Ver Capítulo 10.

Além dos livros de contas que multiplicava para facilitar sua atividade, o comerciante redigia e conservava cuidadosamente um livro secreto com as informações mais úteis e que Armando Sapori considerou ser o documento mais bem conservado dessa contabilidade livresca que chegou até nós.

Se no fim do século XIII e no início do século XIV a expansão do uso e da difusão do dinheiro atingiu a maior parte da cristandade — inegavelmente, pois, se, por exemplo, os Países Baixos e a cadeia hanseática tinham desenvolvido o comércio, nada tinham com o desenvolvimento do banco —, surgiram as primeiras dificuldades devidas a esse uso e a essa circulação. Essas dificuldades foram principalmente a falência de bancos e as bruscas alterações no valor das moedas, a que chamamos mutações monetárias. Houve também as grandes revoltas do fim do século XIV, a mais antiga vaga histórica — mal conhecida — de greves e de motins urbanos na França em 1280, em torno dos quais ignora-se o papel que devem ter desempenhado os novos aspectos do uso e dos valores monetários.

As dificuldades dos bancos conduziram alguns deles, e não dos menores, à falência. O que não é de estranhar nesse mundo em que o endividamento era crescente e no qual particulares e companhias assumiam às vezes riscos importantes, mas sobretudo em que os bancos estavam sob a pressão do poder político da Santa Sé e dos príncipes, na obrigação de lhes conceder empréstimos de longo prazo não reembolsáveis e onerando cada vez mais suas reservas. Falência por exemplo foi o caso desde 1294 dos Riccardi, de Lucca, na Toscana, dos Ammanati e dos Chiarenti, de Pistoia, também na Toscana, mas principalmente dos Bonsignori, de Sena, ainda uma vez na Toscana, em 1298. Quanto às companhias florentinas, como as dos Bardi, a dos Peruzzi e a dos Acciajuoli, arruinadas pelas exigências dos que lhes tinham feito empréstimos — os reis de Inglaterra preparando a Guerra dos Cem Anos e os papas de Avignon construindo seus soberbos palácios —, arruinaram-se num verdadeiro *crack* em 1341.

9. Do século XIII ao século XIV, o dinheiro em crise

Durante o longo século XIII, já o vimos, o crescimento do numerário permitiu o aumento das despesas e das compras, e por outro lado a ampliação das necessidades suscitou um apelo mais importante ao dinheiro. A multiplicação das despesas começou a suscitar, além da condenação, permanente, da Igreja, a intervenção do Estado nascente. Já no fim do século XII, João de Salisbury, entre outros conselheiros do rei da Inglaterra Henrique II, em seu tratado político, o *Policraticus*, dera aos reis o conselho para regulamentar o uso da moeda em função das necessidades de seus súditos, mas ajustando a relação entre o trabalho e a necessidade.[46] Falamos mais atrás da ordenação suntuária de Filipe, o Belo, em 1294.

---

[46] Cary J. Nederman, "The virtues of necessity: labor, money and corruption in John of Salisbury's thought", artigo citado, p. 86.

Somos muito mal informados quanto a outros fenômenos exigindo um uso maior do dinheiro. Quanto a esse uso, nossa documentação é muito escassa, em particular sobre a multiplicação e o aumento em valor dos empréstimos e, em consequência, do endividamento. Como vimos, o que impulsiona a um ponto máximo esse endividamento é a parte assumida pelos príncipes em processo de estabelecer suas administrações e seus Estados — sem dispor ainda de meios financeiros. Mas a eles os banqueiros não poderão recusar esses empréstimos.

Caorsinos, lombardos e cambistas

Esses fenômenos, entretanto, ainda são limitados, no início do século XIV, a um número restrito de pessoas numa mesma região da Europa, a Itália do Norte. Por outro lado, se foi dado durante algum tempo a alguns desses banqueiros emprestadores o nome de caorsinos,* porque de início alguns deles eram da cidade francesa de Cahors, desde a segunda metade do século XIII eles passaram a ser chamados habitualmente de "lombardos". Se Milão tornou-se no fim do século XIII o grande centro dos negócios, se Gênova e principalmente Veneza se tornaram centros do comércio de dinheiro entre o Mediterrâneo e o Oriente e o Mar do Norte e os Países Baixos, lugares menos célebres na história foram de fato as terras de origem desses lombardos, a começar pela cidade de Asti, no Piemonte. Esses lombardos se espalharam

---

*Caorsinos (*cahorsins*) é o adjetivo pátrio usado pelo Autor no original, embora dicionários contemporâneos (*v.g.*, o Larousse) usem a forma *cadurciens*, a partir de *cadurcum*, forma latina para cahors. (N. do T.)

um pouco por toda a Europa ocidental, mantiveram relações complexas e movimentadas com os reis da França que buscavam se aproveitar da ajuda financeira deles defendendo seu próprio poder, afirmando-se em matéria monetária. Medidas discriminatórias em relação aos lombardos foram repetidamente tomadas por Filipe, o Belo, entre elas as prisões arbitrárias. O rei mandou realizar diversos trabalhos de pesquisa sobre os lombardos, em especial em 1303-1305 e principalmente em 1309-1311. Filipe V (1316-1322) e Carlos IV (1322-1328) exigiram "doações" por parte dos lombardos. Arruinadas pelos empréstimos não reembolsados dos reis de França, muitas companhias de Sena e de Florença foram, como vimos, à falência. O golpe fatal deu-lhes no início de seu reinado Filipe VI (1328-1350) para financiar os preparativos da Guerra dos Cem Anos.[47]

Em compensação, na Inglaterra e nos Países Baixos, os lombardos foram em geral mais bem tratados. D. Kusman[48] estudou as relações de Giovanni di Mirabello, piemontês estabelecido em Brabant, tornado grande banqueiro sob o nome de Van Haelen (cerca de 1280-1333), promovido a nobre e conselheiro do duque de Brabant. Porém, por denúncia de um particular, ficou preso em 1318-1319 pela municipalidade de Malines, o que mostra o caráter ainda ambíguo do dinheiro no início do século XIV. Os lombardos também tiveram posição de primeiro plano junto aos reis

---

[47] Robert-Henri Bautier, "Le marchand lombard France aux XIIIe e XIVe siècles", em *Le Marchand au Moyen Âge* (congresso de Reims, 1988), SHMES, 1992, pp. 63-80.
[48] "Jean de Mirabello, dit Van Haelen. Haute finance et Lombards en Brabant dans le premier tiers du XVIe siècle" [Jean de Mirabello, dito Van Haelen. Alta finança e Lombardos em Brabant no primeiro terço do século XVI], *Revue belge de philologie et d'histoire*, 77/4, 1999, pp. 843-931.

da Inglaterra no fim do século XIII e início do século XIV, com a companhia dos Malabaila e a Società dei Leopardi instaladas em Londres.[49] Mas no geral eles foram detestados e vilipendiados na maior parte da cristandade em que o dinheiro não tinha adquirido carta de nobreza e na qual todos os estágios da sociedade mais ou menos endividados abominavam os emprestadores. Mas, se os lombardos dividiram com os judeus a imagem ruim dos emprestadores de dinheiro na cristandade, a hostilidade e até mesmo a aversão que suscitaram não se transformaram em perseguição, como se deu com os judeus, porque no caso deles não havia elementos religiosos nem históricos na imagem ruim em que se transformou a deles próprios entre os cristãos.[50]

Ao lado dos emprestadores, dos quais nem sempre se distinguiam, os cambistas, que surgiram a partir do fim do século XII, exerciam uma função que se tornou indispensável pela diversidade crescente das moedas. Faziam suas operações através de um banco ou mesmo numa mesa ao ar livre, num escritório aberto para a rua como o de qualquer artesão. Agrupavam-se para facilitar as operações com seus clientes, frequentemente comuns a muitos deles. Em Bruges, mantinham sua mesa junto da Grande Praça; perto do grande mercado de tecidos; em Florença, seus *banchi in mercato* situavam-se no Velho

---

[49]Renato Bordone e Franco Spinelli (dir.), *Lombardi in Europa nel Medioevo* (*Lombardos na Europa na Idade Média*), Milão, 2005; Renato Bordone (dir.), *Dal banco di pegno all'alta finanza: lombardi e mercanti-banchieri fra Paesi Bassi e Inghilterra nel Trecento* [Do banco de penhor à alta finança: lombardos e mercadores-banqueiros entre os Países Baixos e a Inglaterra nos anos Trezentos], Quaderni/Cahiers del Centro studi sui Lombardi, sul credito e sulla banca, 2, 2007-II.
[50]Jacques Labrot, *Affairistes et usuriers au Moyen Âge* [Negocistas e usurários na Idade Média], tome 1, *Les Lombards, l'hérésie et l'Eglise*, Ed. La Louve, 2008.

Mercado; e no Mercado Novo, em Veneza; seus *banchi di scritta*, na ponte do Rialto, em Gênova, perto da Casa di San Giorgio. Exerciam duas funções tradicionais: a troca de moedas (que lhes valeu o nome de cambistas) e o comércio dos metais preciosos — eram os principais fornecedores da Moeda de metais preciosos que recebiam de seus clientes sob a forma de lingotes, ou mais comumente de baixela. De acordo com as circunstâncias, também exportavam esses metais preciosos, apesar do monopólio teórico dos moedeiros. Por meio dessas operações, influenciavam fortemente os preços dos metais preciosos e suas flutuações.

As mutações monetárias

Os problemas perceptíveis a partir do fim do século XIII no domínio do dinheiro manifestavam-se também pelas alterações no valor das moedas em uso, a que chamo de mutações monetárias. Remeterei para a apresentação desse fenômeno ao notável *Esquisse d'une histoire monétaire de l'Europe* de Marc Bloch, publicado depois de sua morte, em 1954. As moedas medievais circulavam em geral segundo um custo legal fixado pela autoridade pública. Tinham o direito de moedagem, quer dizer, de cunhagem e de pôr em circulação a moeda: senhores, bispos e sempre mais príncipes e reis. Ao lado dessa circulação legal, havia também uma circulação "comercial" ou "voluntária", definida pelos meios comerciais, porém secundária e flutuante. Durante longo tempo essa dupla circulação era globalmente estável. Mas no fim do século XIII o poder moedeiro começou a modificar o valor de troca: expresso em unidade monetária, por um lado, em peso de metal, por outro. Essa alteração chamou-se mutação. Mutações podiam ser operadas nos dois sentidos: era possível "reforçar" uma moeda aumentando o peso de metal correspondente a uma dada unidade monetária, mas também era possível enfraquecê-la. As mutações monetárias mais numerosas e mais importantes foram enfraquecimentos e não reforços — falaríamos hoje em desvalorização. O sistema de valor da moeda se complicou no século XIII pela retomada da cunhagem do ouro e o estabelecimento na área da cristandade de um sistema de bimetalismo. O valor das moedas passou a depender de três elementos diferentes que se combinavam: o peso em metal precioso, o valor em relação às outras moedas e o valor em relação à moeda de conta. Ora, a partir de 1270, mais ou menos, na França mas também no reino de Nápoles, em Veneza e na cúria romana o preço do ouro aumentou. O rei da França, tomado aqui como referência, operaria uma primeira mutação em 1290, mas a alta dos metais preciosos continuou, e Filipe, o Belo, de novo decretou mutações em 1295 e 1313. Tentativas de volta àquilo que se chamava a "boa" moeda malograram, em 1306, 1311 e 1313. Depois de Filipe, o Belo, deram-se novamente desvalorizações sucessivas entre 1318 e 1330. No período que vai de 1318 a 1322 a mutação atingiu particularmente o *gros* tornês, o enfraquecimento em 1322-1326 deu-se sobretudo com o agnel,* e de 1326 a 1329 o governo real mostrou-se impotente para conter uma nova baixa e a moeda se "liquefazia".[51]

---

*Agnel era uma moeda de ouro. A mesma palavra era usada em Portugal, onde entretanto também se usava a forma anhel, pois a moeda trazia a imagem de um cordeiro (anho). De cordeiro (*agneau*), aliás, também deriva a forma francesa. (*N. do T.*)
[51] R. Cazelles, "Quelques reflexions à propos des mutations de la monnaie royale français (1295-1360)", em *Le Moyen Âge*, 1966, pp. 83-105 e 251-278.

Essas mutações não tinham como finalidade única adaptar a circulação monetária às atividades econômicas, serviam também para os príncipes, e em particular para o rei da França, como meio de ganhar dinheiro, diminuindo seu endividamento, pois o rei não dispunha de um fisco eficiente. Para os comerciantes e assalariados essas medidas, ao contrário, eram desfavoráveis e provocaram vivas reações hostis ao governo real. De modo que as mutações monetárias foram uma das principais causas das revoltas populares e das complicações políticas do século XIV. Que o rei assegure uma moeda "boa", o que significa estável, torna-se uma exigência da opinião pública, opinião que as reações a essas mutações ajudaram a se formar. Mutações da moeda é que valeram a Filipe, o Belo, o apodo pejorativo de "moedeiro falso". Entretanto, até o século XIV muitos atos "falsos" foram fabricados e circularam sem problemas — pense-se na falsa *Doação de Constantino* forjada no século VIII em Roma, justificação para a existência dos Estados Pontifícios. Durante quase toda a Idade Média as imitações de moedas bizantinas ou muçulmanas circularam tranquilamente na cristandade. A noção pejorativa de moedeiro falso está ligada ao nascimento dos Estados pretensamente soberanos, noção pós-feudal, e se refere à instituição progressiva de um direito regalista sobre as moedas cuja violação introduz o que mais tarde se chamará de "lesa-majestade". Nos séculos XIV e XV surgem alguns casos de repressão muito dura a essa falsa moedagem que constitui uma usurpação do direito regalista de cunhar moeda. Desde o século XIII, a punição por uma forma de morte cruel (vazar os olhos, fervimento num caldeirão), lembrada às vezes no reino da França, talvez tenha sido mais amplamente teórica.

A "vitória do ouro"

A estabilidade monetária da Europa também foi perturbada por aquilo que Spufford chamou de "vitória do ouro". O historiador inglês considera, com efeito, que no casamento ouro-prata, desde o restabelecimento do bimetalismo no século XIII, o ouro assumiu um lugar primordial, o que alterou a relação de valor entre os dois metais. Ainda que sem comparação com as da África ou do Oriente, uma mina de ouro de certa importância foi explorada mais intensamente a partir de 1320 em Kremnica na Hungria. As disponibilidades em ouro importado da Hungria e principalmente da África e do Oriente, regiões tradicionais de fornecimento, tornaram-se consideráveis no início do século XIV. O grande centro de convergência e de redistribuição foi Veneza. O ouro reexportado por Veneza alimentou um grande número de oficinas monetárias, a mais importante das quais sem dúvida foi a de Florença, onde, assegura o cronista Giovanni Villani, por volta de 1340 a cidade cunhava de 350 mil a 400 mil florins de ouro por ano. Na França, a cunhagem e a circulação do ouro, ligadas antes sobretudo a Paris, expandiram-se pela maior parte do reino, em particular quando o rei Filipe VI aumentou as despesas por causa da Guerra dos Cem Anos. Da mesma forma, a cunhagem e a circulação do ouro incharam no vale do Ródano e irrigaram as consideráveis despesas dos papas de Avignon, em particular Clemente VI de 1342 a 1352. Só no fim dos anos 1330 uma quantidade importante de moedas de ouro chegou à Europa do Noroeste, antes, parece, por motivos políticos do que comerciais. Como Filipe VI da França, Eduardo III da Inglaterra comprou a peso de ouro aliados para o começo da Guerra dos Cem Anos. Seus principais fornecedores, já o vimos, foram os banqueiros florentinos, em particular os Bardi e os Peruzzi. O mais caro de seus aliados foi o duque de Brabante, que teria recebido 360 mil florins. Eduardo III também comprou a ajuda militar do imperador Luís da Baviera, enquanto Filipe VI pagava a adesão à sua causa do conde de Flandres e do rei da Boêmia, João de Luxemburgo. Esses pagamentos levaram à substituição frequente de peças de ouro por lingotes de prata nas cunhagens de moedas de Brabante, de Hainaut, de Gueldre e de Cambrai, onde as cunhagens em ouro surgiram pela primeira vez em 1336-1337. Ao florim florentino e a suas imitações e aos escudos de ouro franceses acrescentaram-se na Alemanha as moedas de ouro cada vez mais amplamente cunhadas pelos arcebispos de Colônia, Mogúncia e Treves,* na Prússia, e alguns senhores leigos. As oficinas moedeiras estavam concentradas nos vales do Reno e do seu afluente Meno (Main, em alemão). No domínio da liga hanseática só a oficina monetária de Lübeck cunhou moedas de ouro a partir de 1340, sem deixar de emitir moedas de prata. As moedas de ouro de Lübeck não parecem ligadas a atos políticos como acontecera em outros lugares, mas destinadas simplesmente a alimentar o comércio com Bruges.

De fato, os pagamentos em ouro logo chegaram ao comércio. Em particular, esse grande produto medieval de exportação que foi a lã inglesa tornou-se cada vez mais caro a partir de 1340, pouco mais ou menos. Com a ajuda

---

*Também se usava, em português, a forma Tréveris, hoje esquecida. Quanto a Mogúncia, alemão Mainz, já houve quem usasse Maiença em português, no tempo de avassaladora influência do francês (Mayence), e um exemplo típico foi Gonçalves Crespo (1846-1883, poeta português nascido no Brasil). O étimo, entretanto, segundo Nascentes, é o latim Magontiacum, encontrado em Tácito. É a cidade de onde saíram as primeiras obras impressas no mundo, as Bíblias de Gutenberg. (*N. do T.*)

de moedeiros florentinos atraídos à Inglaterra, Eduardo III mandou cunhar uma moeda de ouro a que denominou *nobre*. A Inglaterra também adquiriu o hábito de pagar o resgate dos mais notáveis prisioneiros da Guerra dos Cem Anos em moedas de ouro. Foi o caso, por exemplo, do resgate do rei de França João II, o Bom, feito prisioneiro na batalha de Poitiers (1356). Apesar da exploração das minas de ouro da Hungria, peças de ouro não foram cunhadas a não ser em escassíssima quantidade na Europa do Centro-Leste antes do século XVI, com exceção do ducado húngaro, cuja circulação monetária aumentou na proporção do progresso da produção das minas de ouro da Hungria. Em Florença e em Veneza, a partir do meado do século XIV as moedas de ouro tiveram uma expansão tão grande que substituíram as moedas de prata como as moedas de conta mais utilizadas. A importação de ouro da África, em particular da cidade de Sidjilmassa, no Marrocos, continuou, o que sensibilizou os grandes escritores e viajantes muçulmanos do meado do século XIV Ibn Khaldun e Ibn Battuta e favoreceu o comércio dos mercadores árabes entre o Saara e a Itália, e principalmente a Espanha. Essa utilização de ouro africano permite às oficinas monetárias espanholas a cunhagem dos dobres de ouro em Castela e dos florins de ouro em Aragão.

Tentativas de estabilização

As mutações monetárias e os problemas que criaram, como se pode esperar em uma sociedade cuja economia está inserida num sistema político e religioso global, deram lugar a um trabalho de grande alcance e que permanece sendo até hoje uma das obras-primas da escolástica medieval no tocante àquilo a que chamamos economia. Trata-se do *De moneta* (*Sobre a moeda*) de um universitário parisiense, Nicole Oresme (cerca de 1320-1382), ligado a um dos mais célebres colégios da faculdade das artes da universidade de Paris, o colégio de Navarra, do qual foi ele um dos grandes mestres de 1356 a 1361 e onde escreveu esse tratado antes de 1360, primeiro em latim depois em francês. Esse trabalho foi considerado secundário no século XIV em uma obra muito rica, compreendendo traduções de e comentários sobre Aristóteles e trabalhos concernentes às matemáticas, à música, à física, à astronomia e à cosmologia na qual Nicole Oresme denuncia vigorosamente a astrologia e as artes divinatórias e mágicas. Entretanto, é o *De moneta* que permanece hoje o mais conhecido e o mais célebre de seus escritos. Nessa obra antes de natureza política o autor mostra os malefícios das mutações monetárias, o dever para os reis de assegurar uma moeda estável, e insiste sobre o fato de que a moeda, se faz parte das prerrogativas realengas, não é um bem pessoal do rei, mas bem comum do povo que a usa. O tratado de Nicole Oresme provavelmente teve influência sobre o rei da França, João II, o Bom, que restabeleceu a "boa moeda", isto é, uma moeda estável, sob a forma de uma moeda de ouro, o franco, que, depois de uma breve tentativa malsucedida de São Luís, nasceu para longos séculos, ao mesmo tempo que o *gros* de prata com as flores-de-lis, os últimos torneses e parisis, de pé 24e.[52] A decisão foi tomada

---

[52] A partir de 1337, as mutações das moedas de prata definem-se pelo pé de moeda, que permite conhecer o grau de fragilidade ou de força dela. Achar-se-á uma definição dessa noção complexa mas importante de pé de moeda na obra de Etienne Fournial, *Histoire monétaire de l'Occident médiéval*, Paris, 1970, pp. 30 e 31.

por uma ordenação real promulgada em Compiègne, em 5 de dezembro de 1360, e endereçada aos mestres gerais e aos bailios e senescais de maneira a garantir a execução técnica e a execução administrativa. Esses francos de ouro, à razão de 63 peças por um marco de Paris (244,75 g), destinavam-se a valer 20 *sous* torneses por peça.

> Serão dados aos cambistas por cada marco de ouro 60 desses francos e por cada marco de prata 4 denários 12 grãos 108 *sous* torneses e todos os outros marcos de prata à razão de 4 denários 12 grãos 4 libras 18 *sous* torneses, e não circularão os denários de ouro fino por cada real que sua Majestade ou outros por ela tenham mandado fazer a não ser por 13 *sous* 4 denários parisis a peça desde a publicação de nossas ordenações feitas para este caso; e os denários brancos que circularam à razão de 10 denários torneses destinados à coroa não valerão mais do que 4 denários torneses a peça e todas as outras moedas de ouro e de prata valerão à razão de uma por bilhão em relação ao marco.[53]

O filho de João II, o Bom, Carlos V (1364-1380), foi muito atento à estabilidade da moeda. Tornou amplamente difundida no reino da França uma bula do papa Clemente V de 1309 excomungando os moedeiros falsos, lutou contra as falsificações e a especulação. Em 1370, ordenou que todas as peças que não respeitassem a cotação oficial das moedas fossem desvalorizadas e só fossem utilizadas como *billon*,

---

[53]F. de Saulcy, *Recueil de documents relatifs à l'histoire des monnaies frappés par les rois de France...* [Compilação de documentos relativos à história das moedas cunhadas pelos reis de França...], t. 1, Paris, 1879, p. 455. Textos modernizados em Etienne Fournial, *Histoire monétaire de l'Occident médiéval*, p. 158.

ou seja, a moeda negra de baixíssimo valor. A fragilização das diversas moedas continuou mais ou menos até o século XVI, apesar dos esforços dos soberanos europeus para mantê-las estáveis — estabilização reclamada pelos clérigos por questão de justiça, pelos comerciantes por questão de eficiência em seus negócios e pelo conjunto do povo por essas duas razões, principalmente porque as desvalorizações quase sempre redundavam numa baixa dos salários e numa alta dos preços. Segundo os cálculos de Spufford, entre 1300 e 1500 todas as moedas europeias se enfraqueceram, mas esse enfraquecimento variou segundo o país, porque, apesar da persistente multiplicidade das moedas, a tendência geral das nações, na cristandade, de valorizá-las criou, também no caso do uso da prata ou de seu valor de referência, um quadro essencialmente nacional. Na ordem da fragilização dos valores, a lista de Spufford é a seguinte: Inglaterra (perda de 1,5%), Aragão e Veneza (perda de 1,9%), Boêmia (perda de 2,5%), comunidade hanseática (perda de 2,7%), Florença (perda de 3%), Roma (perda de 2,8%), França (perda de 3,9%), Áustria (perda de 5%), Flandres (perda de 6,1%), Colônia (perda de 16,8%), Castela (perda de 65%).* Essa instabilidade monetária gerava críticas essencialmente ao Príncipe, o que fez com que os esforços para limitar-lhe o poder nesse campo crescessem. Mas a limitação de poder concretizou-se no caso da nobreza e dos burgueses de Brabante em relação ao duque, em 1314, e das assembleias da região da *langue d'oil*, na França, em 1320, 1321, 1329 e 1333. A retomada da

---

*A "ordem de fragilização dos valores" anunciada no início da frase foi quebrada, como se vê, ao situar-se Roma (2,8%) depois de Florença (3%). (*N. do T.*)

Guerra dos Cem Anos provocou na França desvalorizações — mais frágeis e efêmeras — da moeda nos anos de 1417-1422 e 1427-1429. As mutações monetárias, como dissemos, foram um dos elementos que levaram as massas populares urbanas ou rurais da França a se revoltarem, seja contra o rei seja contra os senhores. Sabe-se que o fim da Idade Média foi um tempo de revoltas e de guerras, especialmente na França e nos Países Baixos. Nesses dois Estados, grandes comerciantes desempenharam não poucas vezes ao lado ou à frente do povo um papel importante nas rebeliões, como Etienne Marcel em Paris (de 1355 a 1358), o açougueiro Caboche,* ainda em Paris (em 1413 e 1414), os Van Artevelde, pai e filho, naturais de Liège (em 1337 e 1381-82).** Deu-se o mesmo na revolta dos operários têxteis, os *Ciompi*, em Florença, de 1375 a 1378, e sobretudo na Castela dos séculos XIV e XV, que foi, ao mesmo tempo, a região da maior desvalorização das moedas e das revoltas mais numerosas e as mais violentas. Em 1350, um florim florentino trocava-se em Castela por 20 maravelis,*** enquanto o mesmo florim inflacionado era trocado por cerca de 375 maravelis. A Inglaterra, que é um exemplo da quase ausência de mutação monetária, deve sua estabilidade por um lado à importância sempre mantida de suas exportações de lã e, por outro, ao fato

---

*Referência a Simon Caboche, que chefiou a facção popular do partido dos Bourguignons no reinado de Carlos VI. (N. do T.)
**Segundo o *Petit Larousse Illustré* (2005), os Van Artevelde, pai (Jacó) e filho (Filipe), eram da cidade de Gand, não de Liège. O desencontro é de estranhar sobretudo porque as duas cidades não são tão próximas assim (levando-se em conta o fato de ser tão pequena a Bélgica): Gand fica perto do Mar do Norte; Liège, perto da fronteira com a Alemanha. (N. do T.)
***Trata-se da forma primitiva do árabe *maravedi*, que o autor empregou provavelmente para dar ênfase ao fato de que está tratando de uma realidade do fim do século XV. (N. do T.)

de que desde 1352 o valor da moeda real inglesa só podia ser alterado por um ato do Parlamento.

As fragilidades do fisco

A atenção mantida pelas autoridades — principalmente as autoridades reais, com sucessos diversos — em relação à estabilidade monetária não era a mesma na organização do fisco. Um dos grandes papéis do dinheiro na Idade Média era, ao lado de seu emprego no desenvolvimento do comércio e das trocas cotidianas, favorecer o surgimento ou crescimento de necessidades em dinheiro dos Estados nascentes. Vimos que esse fenômeno essencial da Idade Média, o embargo de Estados centralizados — ou de Estados em gestação — sobre a autoridade pública, buscou e em parte conseguiu no dinheiro os meios tornados necessários à sua realização. Temos observado o nascimento desse processo, que conheceu um impulso decisivo sob os reinados de Henrique II (1154-1189) na Inglaterra, de Filipe Augusto (1180-1223) na França, no Estado pontifício sob Inocêncio III (1198-1216), depois sob os papas de Avignon (1309-1378).

No regime feudal clássico, o rei, como o maior dos senhores, devia em primeiro lugar viver "do seu", quer dizer das rendas do domínio real, como se viu mais atrás. Se bem que isso, especialmente na França, tenha sido uma realidade crescente nos séculos XIII e XIV, tornou-se cada vez mais insuficiente para garantir o financiamento das grandes senhorias, e principalmente dos Estados monárquicos que empregavam um número cada vez maior de servidores em todos os níveis. Da mesma forma, o papel dos grandes senhores e dos soberanos se reforçou nos domínios da administração, da justiça, da economia — em particular devido às moedas —, e o crescimento permanente da pompa senhorial e real nas vestes, nas festas, nos presentes, etc, tornou necessária a obtenção pelo grande senhor ou pelo rei, por meio dos seus súditos, de recursos excepcionais hoje designados em geral pelo vocábulo global fisco. Também uma necessidade de fontes extraordinárias se manifesta junto a esses organismos em geral tornados independentes a partir do século XII e vivendo cada vez desses recursos da proximidade: as cidades. A primeira justificativa de imposto desse fisco excepcional foi a cruzada. O rei da França, por exemplo, cobrou um imposto excepcional chamado dízimo, que manteve depois das cruzadas e que, destinado a garantir a ordem no reino, foi dividido com o papado a partir do fim do século XIII, e especialmente durante o período dos papas em Avignon no século XIV.

Sabe-se que os séculos XIV e XV, principalmente o século XIV, foram marcados por uma queda demográfica que na verdade começou na primeira metade do século XIV, no qual reaparece uma grande fome em 1317-1318. Nesse tempo, o refluxo demográfico produziu o que se chamou "a deserção das cidades". Essa crise demográfica agravou-se pesadamente a partir de 1348 pela sucessão das epidemias da peste negra, isto é, a peste bubônica. Lembro que as guerras também influem pesadamente sobre as disponibilidades financeiras das cidades, dos príncipes e dos Estados.

Além do peso maior ou menor da demografia, o fisco dos dois últimos séculos da Idade Média tradicional foi submetido a altos e baixos, os Estados precisaram buscar rendas mais importantes ligadas ao desenvolvimento de seus poderes, mas a resistência das populações em geral não permitiu que tivessem um fisco estável antes do século XVI. O Estado, que parecia ter conseguido a melhor prática fiscal, a da Igreja, também conheceu altos e baixos. A ação uniformizadora da Câmara Apostólica e o recurso a banqueiros leigos fizeram do papado de Avignon na primeira metade do século XIV a principal potência financeira da cristandade. As relações em geral foram pacíficas com as cidades e os Estados italianos e durante algum tempo com o reino da França, mas por outro lado o Império se opôs fortemente na Alemanha às pretensões pontifícias, e houve praticamente um estado de guerra incessante em torno do fisco entre a monarquia inglesa e a Santa Sé. Essa situação se repetiu em parte na França do século XV. Das duas principais receitas fiscais do papado, os dízimos que eram descontados puderam adaptar-se à evolução dos lucros dos benefícios. Em compensação, as anatas* que oneravam as finanças dos bispados nos períodos de vacância do beneficiário não gozavam dessa flexibilidade e frequentemente eram muito pesadas. A tesouraria pontifícia precisou muitas vezes permitir pagamentos escalonados e até dar descontos sobre essas anatas. Por fim, o papado de Avignon se chocou muitas vezes com a oposição dos Estados que consideravam essas antecipações uma invasão sobre o poder financeiro dos Estados.

Sobre o problema do fisco dos Estados e de sua evolução nos séculos XIV e XV, o caso francês é esclarecedor. Esse

---

*Taxa correspondente a um ano de rendas que tinham de pagar à Santa Sé os cidadãos que dispunham de algum benefício. Oneravam os bispados na ausência de um titular, diz o autor, provavelmente porque, não havendo um bispo, os que deviam efetuar esse pagamento relutavam em fazê-lo. (N. do T.).

processo adquiriu uma forma mais importante sob Filipe, o Belo (1285-1314). O rei e seus conselheiros se esforçaram em primeiro lugar para estabelecer taxas mais ou menos duráveis, senão regulares, sobre as transações de mercado. Em 1291 estabeleceu-se, "para a defesa do reino", uma taxa do "denário por libra" que iria atingir todo mundo e duraria seis anos. O rendimento dessa taxa foi baixo e, em 1295, o rei a transferiu da venda para o estoque de mercadorias. Esse imposto indevido foi uma derrota. Filipe, o Belo, ainda quis instituir em nível nacional taxas já experimentadas com sucesso em algumas cidades. Essas taxas incidiram sobre a fortuna adquirida ou sobre a renda dos franceses que moravam fora do reino. Foram apresentadas como substituto do serviço militar, obrigatório havia pouco tempo, para todos os habitantes homens do reino, e essa ficção foi sublinhada pelo fato de que se aplicava até às classes altas da população. As novas taxas foram cobradas em 1302, 1303 e 1304, e o rei solicitou nas assembleias o consentimento dos eclesiásticos importantes e dos leigos e às vezes das cidades especialmente ligadas à monarquia, chamadas "boas cidades". A taxa, afinal estabelecida em 1341, seria abolida em 1356. Esses esforços para impor um fisco real estiveram entre as principais causas das revoltas esporádicas do século XIV e do início do século XV e, principalmente, deram de maneira durável um poder mais importante às reuniões de estados, espécie de esboço parlamentar, às quais o rei tinha de submeter a criação de novos impostos. A realeza francesa também estava obrigada — talvez não tenha se interessado por isso — a aperfeiçoar a gestão desse fisco. Não houve orçamento de receita e despesa para as finanças da monarquia francesa dos séculos XIV e XV, e, em razão da raridade dos documentos medievais que incluem preços e dados numéricos, é difícil hoje tentar estabelecer um orçamento. De todo modo, em torno das velhas operações militares de envergadura — como as havidas durante a Guerra dos Cem Anos —, a monarquia deixou de estabelecer previsões em matéria de finanças e esse exercício se limitou a alguns centros de importância particular em matéria econômica e financeira. Foi, como mostrou Ugo Tucci, o caso de Veneza.[54]

---

[54] Ugo Tucci, "Alle origini dello spirito capitalistico a Venezia: la previsione economica" [Nas origens do espírito capitalista em Veneza: a previsão econômica], em *Studi in onore de Amintore Fanfani*, vol. 3, A. Giuffre Ed., Milão, 1962. Ver-se-á adiante que utilizo as pesquisas de Tucci a respeito da existência de uma mentalidade de previsões na Veneza medieval. Não concordo com as hipóteses dele de que esse caso seria um primeiro sinal de mentalidade capitalista.

10. O aperfeiçoamento do sistema financeiro no fim da Idade Média

Nos séculos XIV e XV o desenvolvimento do comércio, provavelmente sem ser tão vigoroso como no curso do longo século XIII, levou à criação de novos instrumentos que permitiram atender às necessidades crescentes de dinheiro da cristandade sem se recorrer a um socorro maciço da moeda real. A insuficiência das minas de metais preciosos e as alternativas de abastecimento com metais preciosos da África ou do Oriente limitavam as possibilidades monetárias da Europa.

Letra de câmbio e contrato de seguro

As duas novidades principais que em parte permitiram a satisfação de novas necessidades, na falta de moedas reais suficientes, foram a letra de câmbio e a prática do seguro.

A invenção da letra de câmbio nasceu do fato que acabo de evocar de que não se conseguia satisfazer a necessidade de moedas, e também das reações dos comerciantes da Idade Média diante das variações sazonais do mercado do dinheiro. Essas variações se deviam principalmente às datas de realização das feiras, aos resultados das colheitas e a suas datas anuais, às chegadas e partidas de comboios marítimos comerciais, e aos hábitos de finança e de tesouraria dos governantes. Vimos que a introdução do dinheiro nas dívidas feudais modificara o calendário tradicional: a festa de São Miguel, no fim de setembro, e a de Todos os Santos, no início de novembro, tornaram-se datas de pagamento maciço. A necessidade de dinheiro podia variar em função de outros hábitos. Um comerciante veneziano observou no meado do século XV:

> Em Gênova, o dinheiro é caro em setembro, janeiro e abril, por causa da chegada dos navios [...]. Em Roma, onde está o papa, o preço do dinheiro varia segundo o número de benefícios vacantes e os deslocamentos do papa, que faz subir o preço do dinheiro em todo lugar onde está [...]. Em Valença ele é caro em julho e agosto por causa do trigo e do arroz [...], em Montpellier há três feiras que lá tornam o dinheiro muito caro [...].

O princípio da letra de câmbio foi definido pelo historiador belga Raymond De Roover da seguinte maneira:

> A letra de câmbio era uma convenção pela qual o "doador" [...] fornecia uma soma de dinheiro ao "tomador" [...] e recebia em troca um recibo de penhor pagável a termo (operação de crédito), mas num outro lugar e numa outra

moeda (operação de câmbio). Todo contrato de câmbio criava então uma operação de crédito e uma operação de troca, ambas intimamente ligadas.

Eis uma letra de câmbio extraída dos arquivos de Francesco di Marco Datini,* da cidade de Prato, na Toscana:

> Em nome de Deus, 18 de dezembro de 1399, pagareis por esta primeira letra para uso de Brunacio di Guido e Cia... CCCCLXXII libras X *sous* de Barcelona, as quais 472 libras e 10 *sous* valendo 900 escudos a 10 *sous* e 6 denários por escudo me foram quitadas aqui por Ricardo degli Alberti e Cia. Pagai-os em boa e devida forma e ponde-os à minha conta. Que Deus vos guarde.
> Ghuiglielmo Barberi
> Saudações de Bruges.
>
> Escrito por outra mão: "Aceita em 12 de janeiro de 1399" [1400].
> No verso: "Francesco di Marco e Cia., em Barcelona Primeira" [letra].

Trata-se de uma letra de câmbio paga em Barcelona pelo "sacado" — a sucursal em Barcelona da firma Datini — ao "beneficiário" — a firma Brunacio di Guido igualmente de Barcelona —, a pedido do "sacador" ou "tomador" — Ghuiglielmo Barberi, comerciante italiano de Bruges — a quem o "doador" — a casa Riccardo degli Alberti em Bruges — pagou 900 escudos a 10 *sous* e 6 denários por escudo.

---

*No Índice de nomes, no fim do livro, o último sobrenome aparece como "Martini", o que tem tudo para ser um engano, pois a firma se chama "Datini", em sua sucursal de Barcelona, como se vê no parágrafo logo abaixo, depois do sobrescrito no verso da letra de câmbio. (N. do T.)

Ghuiglielmo Barberi, exportador de panos flamengos que mantinha negócios regulares com a Catalunha, adiantou dinheiro em escudos de Flandres para a sucursal em Bruges dos Alberti, os poderosos comerciantes-banqueiros florentinos. Antecipando sobre a venda de mercadorias que expedira a seu correspondente de Barcelona, a casa Datini, ele saca sobre esta uma letra de câmbio a ser paga em Barcelona ao correspondente nessa cidade, a casa Brunacio di Guido e Cia. Eis aí uma perfeita operação de crédito e operação de câmbio. Esse pagamento foi efetuado em Barcelona a 11 de fevereiro de 1400, trinta dias após sua aceitação em 12 de janeiro de 1400. Esse prazo é o "costume", variável de acordo com os lugares (trinta dias no caso de Bruges e Barcelona), que permitia verificar a autenticidade da letra de câmbio e, se preciso fosse, para conseguir o dinheiro.

Assim, a letra de câmbio satisfazia a quatro desejos eventuais do comerciante, oferecendo-lhe quatro oportunidades:

a) como meio de pagamento de uma operação comercial;
b) como meio de transferência de fundos — isto entre lugares que utilizavam moedas diferentes;
c) como fonte de crédito;
d) como ganho financeiro agindo sobre as diferenças e as variações do câmbio em lugares diversos no quadro acima definido. De fato, fora das operações comerciais, podia haver entre dois, ou, mais frequentemente, três lugares, um comércio das letras de câmbio. Esse mercado de trocas, muito ativo nos séculos XIV e XV, foi motivo para amplas especulações.[55]

---

[55]Tomei a liberdade de reproduzir aqui esse texto tirado de meu livrinho *Marchands et banquiers du Moyen Âge*, PUF, coleção "Que sais-je?", 1956, pp. 30-32.

Em compensação, parece que o mercado medieval não conheceu as práticas de endosso e de desconto, que teriam surgido só no século XVI. Uma técnica muito primária, a da obrigação, simples ordem de pagamento, pode ser encontrada no fim da Idade Média no domínio hanseático.

Um debate mobilizou certo número de medievalistas em torno da noção de risco. Já mencionei o livro a isso consagrado e chamei a atenção para o fato de que nesse ponto eu divergia das ideias negativas de Alain Guerreau, ainda que, no espírito das pessoas da Idade Média, o que chamamos dinheiro fosse menos claramente ligado do que hoje às noções de risco, perigo ou inconveniência. A previsão, que depende da sensibilidade ao risco, parece ter preocupado desde o século XIII os meios de negócios em alguns pontos da cristandade nos quais os compromissos financeiros podiam ser importantes, particularmente Veneza. De todo modo, reflexões e práticas sobre esse assunto, especialmente tratando-se do perigo do mar, lugar de muito risco para os homens da Idade Média, suscitaram a aparição de contratos chamados *securitas* (segurança), ancestral de contratos que se tornaram mais frequentes nos séculos XIV e XV e constituíram verdadeiros contratos de seguro. Permitir-me-ei citar um texto que já propus num estudo anterior.[56] Num registro que na abertura de um capítulo tem o seguinte título de página: "Eis um registro de Francesco di Prato e Cia. residente em Pisa no qual constarão todos os seguros que faremos por outrem; que Deus disso nos dê proveito e nos proteja dos perigos", lê-se (a data é de 3 de agosto de 1384):

---

[56] *Marchands et banquiers du Moyen Âge, op. cit.*, p. 27.

Garantimos a Baldo Ridolfi e Cia. o seguro a 100 florins de ouro em lã, carregada no barco de Bartolomeo Vitale em trânsito de Penisola a Porto Pisano. Desses 100 florins que seguramos contra todo risco, receberemos 4 florins de ouro tendo como testemunha um documento escrito pela mão de Gherardo d'Ormaumo que contra-assinamos.

Afirma-se mais abaixo que "o dito barco chegou bem a Porto Pisano no dia 4 de agosto de 1384 e estamos desobrigados em relação aos citados riscos". Entretanto, essa noção de risco e a noção de previsão a que a ela está ligada só constarão de atas precisas e oficiais depois da Idade Média, com o lento desenvolvimento do capitalismo.

O caminho que vai do emprestador ao banqueiro

O uso do dinheiro faz proliferar principalmente a contabilidade, tanto em seus métodos como na importância da papelada que criou. Os grandes comerciantes e as companhias comerciais tinham numerosos livros de contabilidade especializada, e em particular um "livro secreto", já citado antes, no qual se conservavam o texto da associação, o montante da participação de cada um dos sócios no capital, os dados que permitiam calcular a qualquer momento a posição desses sócios na sociedade e a distribuição dos lucros e perdas. Não será preciso imaginar, porém, que a contabilidade, que atingira um ponto notável de manuseabilidade, tenha sido a testemunha de uma sociedade em que o dinheiro desempenhou grande papel. As técnicas relativas ao dinheiro, ao contrário, continuam limitadíssimas na Idade Média, tanto na área social que as utilizou como no nível do saber científico que poderiam ter gerado. Sem dúvida, os grandes comerciantes medievais elaboraram uma técnica apreciável para uso nos livros de comércio, a contabilidade de certa forma dupla de que já falei, mas tratava-se apenas de pequenas ilhas ou de territórios marginais: a maioria da sociedade ficava muito afastada de práticas refinadas em relação a tudo aquilo que abrangemos sob o termo dinheiro.[57] Na melhor das hipóteses pode-se reconhecer que o dinheiro, limitado em seu papel na Idade Média, foi um estimulante no domínio da escrituração dos livros de negócios, assim como no domínio do cálculo aplicado às necessidades diárias.

Por isso é difícil isolar, no mundo dos negócios, uma categoria de profissionais formada por banqueiros *stricto sensu*. Não são sempre precisos os limites entre esses especialistas nos usos do dinheiro como são os lombardos,* principalmente emprestadores, os cambistas e os banqueiros propriamente ditos. O empréstimo vem a ser, na verdade, pelo menos nos séculos XIII e XIV, a especialidade desses lombardos. A documentação concernente a esses empréstimos infelizmente está cheia de falhas. É possível, porém, começar a estabelecer listas para algumas cidades e para alguns períodos. Por exemplo, a edição por Giulia Scarcia do Registro 9-1 dos Arquivos

---

[57]A contabilidade medieval teve seu grande historiador, Federico Melis, autor de *Storia della ragioneria* (C. Buffi, Bolonha, 1950). Melis organizou em torno dos arquivos do grande comerciante toscano Francesco di Marco Datini, em Prato [cidade próxima a Florença], um centro de estudos da contabilidade medieval, e de um modo mais geral da economia, de alta qualidade. [*Ragioneria* é contabilidade em italiano.]

*Lombardia é a região do norte da Itália onde está situada a cidade de Milão. (*N. do T.*)

Públicos de Friburgo, na Alemanha, pôde mostrar que durante o período 1355-1358 a clientela dos emprestadores lombardos era formada sobretudo pela camada superior das classes médias. Nela encontramos, realmente, cavaleiros e nobres[58] ao lado dos burgueses. A política do empréstimo foi tão importante na Itália dos séculos XIV e XV que é possível afirmar com verossimilhança que uma série de letras de câmbio emitidas em Milão de 1445 a 1450 não passam na verdade de empréstimos.[59] Assim como os lombardos permaneceram abaixo do nível econômico e social dos grandes banqueiros da época, a maior parte dos manipuladores de dinheiro dos séculos XIV e XV continuou a ser formada pelos comerciantes, os quais se ocupam de todas as operações em que estão em jogo valores monetários. Há uma hierarquia entre eles, tanto que se fala, especialmente em Florença e Bruges, de *banchi grossi*. Por exemplo, uma pessoa na faixa dos 35 ou 40 anos em Bruges, no século XV, tem uma conta com algum lombardo, mas para 80% dos seus clientes o balanço contábil pessoal é inferior a cinquenta libras flamengas.

Esses verdadeiros banqueiros, que o são mesmo, frequentemente são também comerciantes para os quais metais preciosos e moedas se transformam em mercadorias. Muitas

---

[58] Giulia Scarcia, *Lombardi oltralpe nel Trecento. Il "Registrum" 9, I dell'Archivio di Stati di Friburgo* [Lombardos além dos Alpes nos anos Trezentos. O "Registrum" 9, I do Arquivo da Cidade de Friburgo], Pisa, ETS, Piccola Biblioteca Gisem 19, 2001.

[59] Beatrice Del Bo, "Elite bancaria a Milano a metà Quattrocento: prime note" ["Elite bancária em Milão na metade dos anos Quatrocentos: primeiras observações"], em *Quaderni del Centro di Studi sui Lombardi, sul credito e sulla banca*, 1, 2007, p. 173.

vezes começaram pela conclusão de contratos de sociedade com uma determinada ação comercial, que não apenas pode ter sido renovada, mas muitas vezes se transformou numa ligação duradoura. Dois tipos de associação em cuja definição os venezianos desempenharam papel importante foram, como se viu, a *compagnia* e a *societas terrae*.

Na *compagnia*, os contratantes estão intimamente ligados entre si e dividem riscos, esperanças, perdas e lucros. A *societas terrae* é semelhante à *commenda*. O emprestador é o único que se arrisca a perder, e os ganhos em geral são divididos meio a meio. Mas há uma grande flexibilização na maioria das cláusulas: as partes de capital investido podem muitas vezes variar; a duração da sociedade em geral não se limita a um único negócio ou a uma única viagem, e é fixada por certo lapso de tempo: um, dois, três ou quatro anos na maioria das vezes. Por fim, entre esses tipos fundamentais da *compagnia* e da *societas*, há muitos tipos intermediários, combinando diversos aspectos de ambas. A complexidade desses contratos exprime-se através de documentos infelizmente muito longos para que se possa reproduzir aqui um exemplo deles.

Em torno de alguns comerciantes, de algumas famílias e de alguns grupos desenvolvem-se organismos complexos e poderosos aos quais se deu tradicionalmente o nome de "companhias" no sentido moderno do termo.[60] As mais célebres e mais bem conhecidas foram dirigidas por ilustres famílias florentinas, já citadas: os Peruzzi, os Bardi, os Medicis. Deve-se, porém, registrar, como que dando continuidade aos

---

[60]Mas estão muito longe das sociedades modernas, possuindo uma personalidade independente de seus membros.

historiadores que as estudaram — à frente de todos Armando Sapori —, que é possível detectar profundas modificações de estruturas entre aquelas dos séculos XIII e XIV e as do século XV, pelo menos no domínio italiano.

Essas sociedades se faziam através de contratos que só mantinham os contratantes ligados durante a vigência de uma única operação comercial ou tinham uma duração por tempo estabelecido. Mas a renovação habitual de alguns desses contratos, a presença em uma vasta área econômica dos mesmos nomes que figuram em empreendimentos de grande importância e regularmente envolvidos com capitais consideráveis, todas essas ligações com negócios referentes a umas poucas cabeças fazem dos donos delas os dirigentes de organizações cuja estabilidade vai além do caráter efêmero das operações particulares e dos contratos que as definem. Nos séculos XIII e XIV, essas verdadeiras casas comerciais tornam-se fortemente centralizadas, tendo a dirigi-las um ou mais comerciantes donos de um conjunto de sucursais. Esses dirigentes são representados, fora da sede principal onde residem, por empregados que recebem salários. No século XV uma casa como a dos Medicis será descentralizada. Passa a ser uma combinação de associações separadas, com capital à parte, cada uma delas tendo uma sede geográfica própria. Ao lado da casa mãe de Florença, as filiais: Londres, Bruges, Genebra, Lyon, Avignon, Milão, Veneza, Roma, sob a responsabilidade de diretores que são, parcial e secundariamente, apenas empregados recebendo salários e antes de tudo fornecedores de fundos à frente de uma parcela do capital — é o caso de Angelo Tani, Tommaso Portinari, Simone Neri, Amerigo Benci, etc. Os Medicis de Florença são a ligação que mantém unidas todas essas casas, por serem os donos em cada uma delas de capitais quase sempre majoritários, porque centralizam as contas, as informações, a orientação do negócio. Porque um Lorenzo, menos atento que seu avô Cosme, deixa as coisas caminharem por si, e as filiais tendem a levar vida própria; os conflitos ocorrem dentro da firma; o edifício se desloca: a ruína é facilitada pelo número de pessoas agora participantes no negócio. Se os depósitos em dinheiro passam desse momeno em diante a representar uma parte importante do capital, da massa de manobra da firma, eis que a firma se torna mais vulnerável pelas necessidades, as hesitações, as exigências, os temores desses depositantes, que não têm, para reclamar seu dinheiro, os escrúpulos dos antigos participantes ligados entre si pela solidariedade dos laços familiares e pelos laços da colaboração comercial.

O destino de Jacques Coeur

Nesses casos excepcionais, alguns homens de dinheiro sobem ao nível superior da hierarquia social e política. Darei um exemplo célebre, tanto mais interessante porque o homem, no caso, não é, diferentemente da maior parte dos membros dessa categoria social, um italiano, mas um francês de Bourges,* Jacques Coeur. Michel Mollat, que a ele consagrou um belo livro altamente esclarecedor,[61] ficou

---

*Cidade francesa do departamento de Cher, a 226 quilômetros de Paris, segundo o *Petit Larousse Illustré* (2005), no princípio deste século tinha cerca de 76 mil habitantes. A semelhança dos nomes às vezes leva à confusão com a belga Bruges, citada pouco adiante neste mesmo parágrafo. (*N. do T.*)
[61] *Jacques Coeur ou l'esprit d'entreprise* [Jacques Coeur ou o espírito de empresa], Paris, Aubier, 1988.

justamente impressionado pela diversidade das atividades de Jacques Coeur e das ligações dentro das quais elas se exerciam. Mollat chegou até a afirmar que "um gráfico que reproduzisse a abrangência de seus interesses corresponderia a um mapa econômico da França no meado do século XV". Essa frase, entretanto, só será verdadeira se nela reconhecermos a diversidade geográfica da presença ativa de Jacques Coeur. Não se trata de um verdadeiro mapa econômico da França porque essa economia não existe nem mesmo sob a ação real no conjunto do país: é um conjunto de lugares e de atividades desestruturadas. Jacques Coeur adquiriu bens imobiliários aqui e ali, domínios territoriais, consignação de rendas de bens de raiz — pode-se dizer que o século XV foi o grande século das rendas de bens de raiz, o que mostra a importância que a posse da terra conserva econômica e socialmente —, ricos castelos em Bourges, Saint-Pourçain, Tours, Lyon, Montpellier que são manifestações de prestígio, não centros de negócios. Ele multiplicou atividades remuneradoras que, entretanto, escaparam da condenação por usura graças à evolução da doutrina cristã. Por exemplo, aproveitando-se do desenvolvimento progressivo e relativamente desordenado da fiscalização, das fazendas, dos socorros e das contribuições indiretas. Tendo compreendido a importância da guerra como fonte de despesas e de ganhos, forneceu armas e equipamentos para os carros das tropas reais e se aproveitou das possibilidades de resgate de prisioneiros ingleses. Também voltou seus negócios para as baixelas de prata, os guarda-móveis e os entrepostos reais,* o

---

*Armazéns, grandes depósitos controlados pelo governo. (N. do T.)

que indica que sua atividade não o levou a um rompimento com a acumulação de riquezas. Manteve negócios com Florença, com a Espanha, com Bruges. Fora da França e suas regiões limítrofes, o principal campo de suas atividades foi o Mediterrâneo. Afinal, depois de ter caído em desgraça, foi preso e fugiu. Terminou sua vida na ilha de Clio, no mar Egeu, em 1456. Seu principal emprego público foi o de mestre das moedas do rei, de 1436 até sua fuga da prisão.

11. Cidades, Estados e dinheiro no fim da Idade Média

Dívidas e impostos urbanos

No fim da Idade Média, as cidades em geral aumentam a área de seus recursos, não por um desenvolvimento do comércio, que sofreu muito com as guerras e ainda não teve o impulso que terá no século XVI, mas porque cresceram no sentido do subúrbio e do território sobre o qual estabeleceram seu domínio, neles produzindo riquezas, homens, poder. Prova disso são os célebres afrescos de Ambrogio Lorenzetti em Sena (*Consequências do bom e do mau governo*), e ainda se trata apenas do meado do século XIV. As cidades organizaram de modo mais sólido suas instituições financeiras, em particular os tribunais de contas. Mas sofreram muito particularmente com uma das piores provações da sociedade do século XV, o endividamento. Esse endividamento é de grande evidência, tanto no âmbito do coletivo, caso da dívida pública, quanto no individual, e assume sobretudo a forma da venda de rendas. Pode-se falar de uma espiral das dívidas a partir da metade do século XV nos Países Baixos, e os exemplos são as cidades de Bruxelas, Lille, Leyde, Malines e Namur. O mesmo fenômeno se dá nas cidades alemãs, como Hamburgo ou Basileia,* nas quais o endividamento, que é de cerca de 1% em 1362, ultrapassa os 50% na metade do século XV. Dá-se o mesmo na península ibérica: em Barcelona a dívida absorve 42% das receitas em 1358 e 61% em 1403, em Valência o endividamento passa de 37,5% em 1365 para 76% em 1485. O fenômeno se repete nos grandes centros financeiros italianos. Esse endividamento não se restringiu a agravar os antagonismos entre as categorias sociais. Produziu também uma perda mais ou menos grande de confiança no sistema urbano e provocou o encolhimento do orgulho das pessoas por suas cidades. Como as cidades estavam submetidas à invasão de poder ao mesmo tempo dos príncipes e dos reis, o endividamento contribuiu para enfraquecer em muitos pontos a autoridade e a imagem urbanas. A Europa medieval se tinha transformado em boa parte, no século XIII, em uma Europa das cidades. Os problemas financeiros foram, em escala ampla, responsáveis pela progressiva submissão aos príncipes. A Idade Média das cidades não foi uma Idade Média do dinheiro. Os príncipes, que dispunham dos meios coercitivos para conseguir dinheiro, ao contrário das cidades, puderam resistir como dirigentes de seus Estados quando mais tarde o dinheiro assumiu um lugar preponde-

---

*Basileia (Basel em alemão, Bâle em francês) é uma cidade suíça. O autor provavelmente a engloba entre as cidades "alemãs" por se tratar de cidade de fala alemã. (N. do T.)

rante. Como se escreveu no fim da Idade Média, "a dívida gera uma espiral impossível de conter que se autoalimenta provocando uma escalada vertiginosa da despesa municipal [...]. As cidades cada vez mais passam por dificuldades para satisfazer as pensões nos prazos estipulados, e os atrasados se acumulam".[62] Só os credores se beneficiam e indubitavelmente se tornam ricos.

Três estudos, referentes à cidade de Dijon, a Francfurt-sobre-o-Meno, e às cidades do efêmero Estado da Borgonha, dão a medida dos problemas relativos às finanças urbanas no fim da Idade Média. O Tribunal de Contas de Dijon foi reorganizado em 1386 e seus arquivos foram amplamente utilizados por F. Humbert e por Henri Dubois.[63] O sistema fiscal de Dijon, à semelhança dos sistemas da maioria das cidades, assentava-se sobre diversas exigências prévias.

1) As taxas sobre as casas, taxas estabelecidas para os duques pelos Estados do ducado, eram irregulares quanto aos prazos e às moedas. Em 1386, por exemplo, o montante dessas taxas elevou-se a 3.219 francos e 8 *gros*.
2) A cidade cobrava um imposto para financiar a conservação das fortalezas.

Outros impostos em compensação eram antecipados regularmente: a gabela do sal,* cujos arquivos não foram

---

[62]Jean-Luc Pinol, *Histoire de l'Europe urbaine*, vol. 1, Paris, 2003, p. 575.
[63]F. Humbert, "Les finances municipales de la ville de Dijon au milieu du XIVe siècle à 1477", Paris, 1961, e H. Dubois, "Les fermes du vingtième à Dijon à la fin du XIe siècle. Fiscalité Economie Société", em *L'Argent au Moyen Âge*, colóquio de 1997, Paris, Publications de la Sorbonne, 1998, pp. 159-171.
*Gabela era um imposto especificamente sobre o sal, como está dito, que se cobrava antes da Revolução Francesa. (N. do T.)

conservados, ou o imposto dito "dos marcos", que consistia na centésima parte do *vaillant*[64] de cada contribuinte cobrado anualmente em proveito do duque.

Por fim, duas taxas proporcionais instituídas sobre a venda de mercadorias, a vintena, que incidia sobre todas as transações, e a oitava, cobrada sobre os vinhos vendidos em pequenas quantidades.

Esses diferentes impostos eram cobrados sob o controle do recebedor da jurisdição de Dijon. Em 1386-87, havia trinta e cinco repartições fazendárias nas quais era possível obter informações sobre a atividade econômica da cidade e das terras em torno dela. Essas repartições eram hierarquizadas e a mais bem estabelecida era de longe a que se referia ao vinho — representava 22% do total. Vinham a seguir as do pano, dos trigos e legumes, da carne, dos couros, do gado e do toicinho, do pão e da farinha, cada uma delas correspondendo a cerca de 200 francos. Vê-se que a preponderância da alimentação aí é clara. O montante dessas repartições, e por conseguinte da atividade por elas medida, tornou-se praticamente estável até o início do século XIV. Nos principais centros urbanos do restante do ducado, a repartição referente à lã teve uma queda sensível. Os funcionários desse vigésimo eram em geral importantes praticantes de ofícios artesanais cuja atividade raramente se limitava às operações financeiras. Henri Dubois chama a atenção para o fato de que eles não representavam nem um grupo nem um meio homogêneo. Podiam ser encontrados entre eles altos funcionários do príncipe, ou mesmo membros da elite social, nem será exagero classificá-los como componentes do patriciado,

---

[64]Valor do conjunto das possessões.

que acrescentavam o recebido com o serviço nas repartições a outras formas de rendimento e de elementos de prestígio. Por volta de 1400 é possível identificar em Dijon pessoas que seriam definidas essencialmente como "homens de dinheiro". O dinheiro é apenas um dos elementos daquilo que faz o prestígio num meio urbano.

Pierre Monnet estudou para Francfurt-sobre-o-Meno no século XIV aquilo a que chamou de "o financiamento da independência urbana pelas elites endinheiradas",[65] a partir de dois acontecimentos que reuniam somas financeiras importantes. O primeiro é o resgate em 1372 pelo conselho da cidade imperial de Francfurt dos últimos direitos detidos pelo rei-imperador que nela era o senhor. O conselho urbano desembolsou em 1372 de 25 a 26 mil florins para garantir definitivamente as bases de sua independência. Uma função essencial exercida na cidade era a de agente imperial, o "escutador" (*Reichsschultheissenamt*), que cuidava do conjunto das rendas reais no território da cidade (impostos, moinhos, lagos, domínios, etc).* Em 1389, a cidade introduziu um imposto sobre o produto das principais profissões, vendeiro,** alfaiate, padeiro e sapateiro. Em 1407, o clero teve de se sujeitar à maior parte dos impostos urbanos e em particular à taxa sobre o vinho. O conjunto dos impostos

---

[65] Em *L'Argent au Moyen Age*, *op. cit.*, pp. 187-207.

*Lembre-se de que a burocracia portuguesa tinha o cargo de "ouvidor", transplantado para o Brasil Colônia, o qual chegou a adquirir grande importância, mas com funções totalmente diferentes: ouvidor era, por aqui, uma espécie de juiz. (*N. do T.*)

**"Venda" e "vendeiro", o estabelecimento de pequenos armazéns de secos e molhados e seus donos, eram termos comuns no Brasil até o meado do século XX, quando começaram a aparecer os supermercados, que hoje são praticamente donos absolutos do mercado de varejo e, dadas as novas condições, acabaram por influir também na nomenclatura do mercado varejista urbano. (*N. do T.*)

dobrou entre 1379 e 1389. O segundo acontecimento é que Francfurt sofreu uma catástrofe em 1389: seu exército foi derrotado por uma coalizão de nobres, 620 de seus membros foram presos e fixou-se um resgate de 73 mil florins. A cidade porém safou-se do pagamento promovendo ao conselho local membros do velho patriciado cujas experiência e multiplicidade de tipos de rendimentos permitiram evitar o endividamento que atingiu tantas outras cidades, e que considero, no domínio financeiro, a grande infelicidade do fim da Idade Média. Francfurt pôde até ajudar com uma doação de 24 mil florins a cidade de Wetzlar, que tinha uma dívida de 80 mil florins em 1382. O fenômeno atingiu sem dúvida seu mais alto nível em Mogúncia, que não pôde se livrar de um endividamento o qual em 1447 atingiu 375 mil libras. Destacarei, ao fim desta breve evocação das finanças de Francfurt-sobre-o-Meno, a judiciosa observação de Pierre Monnet: "A prosperidade da cidade não se fez em benefício de homens novos ou de novos ricos, porém muito mais em favor das elites de uma outra natureza, gente que já estava em boa posição de poder e de fortuna." Uma última sondagem sobre as finanças e o fisco urbanos está num estudo de Marc Boone sobre as cidades flamengas do efêmero Estado da Borgonha do fim da Idade Média.[66] A densidade urbana, na Flandres dos séculos XIV e XV, era excepcional. Se se deixar de lado a parte francesa do condado de Flandres, o restante está dominado por três grandes cidades: Gand, com cerca de 64 mil habitantes; Bruges, com cerca de 45 mil; e

---

[66] Marc Boone, "Stratégies fiscales et financières des élites urbaines et de l'État bourguignon naissant dans l'ancien comté de Flandre (XIVᵉ-XVIᵉ siècle)" ["Estratégias fiscais e financeiras das elites urbanas e do Estado borgonhês no antigo condado de Flandres"], em *L'Argent au Moyen Âge*, *op. cit.*, pp. 235-253.

Ypres, mais ou menos 28 mil habitantes; mas havia também cinquenta pequenas ou médias cidades com menos de 10 mil habitantes, e a densidade demográfica para o conjunto do condado chegava a 77,9 habitantes por quilômetro quadrado. Uma das características dessas cidades era o fato de serem ao mesmo tempo grandes centros de produção têxtil, produtos de luxo e produtos mais acessíveis, e um grande mercado de trocas garantido pelas colônias de comerciantes estrangeiros. Um centro desempenhava um papel capital nessa atividade de triagem e reexpedição de produtos: Bruges até o meado do século XV, depois Antuérpia. Longe de empobrecer sob a condição de condado, essa cidade, Bruges, tornou-se a principal emprestadora para os condes, e nisso achou um meio essencial de enriquecimento. A cobrança de impostos foi pouco a pouco confiscada pelos membros do patriciado que dela excluíram os profissionais do crédito e também os que emprestavam com a garantia de penhores, os usurários, os lombardos e cambistas de todo tipo, também excluídos da condição de credores da cidade. Esse patriciado frequentemente ainda garantia a administração do condado de Flandres pelo príncipe. Por exemplo, em 1410, o principal imposto, a taxa do vinho, era regida por uma associação entre os membros da família Utenhove, velha família patrícia de Gand, cujos inúmeros componentes tinham sido recebedores ou bailios do conde, e mestre Simon de Fourmelles, jurista conhecido que tinha servido os duques João-Sem-Medo e Filipe, o Bom, e que então era presidente do conselho de Flandres, a mais alta corte de justiça do condado.

Finanças e fisco do Estado: a Santa Sé...

Ao lado das cidades estão os Estados, cuja formação se reforça no correr dos séculos XIV e XV. Esses Estados manifestam uma necessidade crescente de dinheiro e buscam organizar melhor suas finanças e o fisco, os quais se tornam, mais que as rendas diretas tiradas do domínio territorial do príncipe, a fonte de financiamento principal das atividades do poder central. Como para o longo século XIII, usarei os exemplos dos Estados pontifícios, dos quais se sabe que eram pioneiros na matéria, e da França. Conhecemos melhor as finanças pontifícias porque elas foram objeto de estudos importantes e notáveis por parte de Bernard Guillemain e principalmente de Jean Favier.[67] Instalando-se em Avignon, o papa se situa mais ao nível de um príncipe de uma potência particular do que do chefe da Igreja que era em Roma ou na Itália quando a situação social provocou sua mudança para a França. Desde o primeiro dos papas de Avignon, Clemente V (1305-1314), a atividade principesca dos papas reclama um aumento das despesas da corte pontifícia. Muito rapidamente a corte pontifícia passa a dispor de quatrocentas a quinhentas pessoas de toda ordem, cem a mais do que em Roma no tempo do então último papa romano Bonifácio VIII. Clemente V, como mostrou muito bem Bernard Guillemain estudando a conta do quarto ano de seu pontificado, conta

---

[67]B. Guillemain, *La Cour pontificale d'Avignon 1309-1376. Étude d'une société* [A corte pontifícia de Avignon 1309-1376. Estudo de uma sociedade], Paris, 1962; J. Favier; *Les Finances pontificales à l'époque du grand schisme d'Occident, 1378-1409* [As Finanças pontifícias na época do grande cisma do Ocidente, 1378-1409], Paris, 1966; e *Les Papes d'Avignon*, Paris, 2006, aos quais é preciso acrescentar particularmente Y. Renouard, *Les Relations des papes d'Avignon et des compagnies commerciales et bancaires de 1316 à 1378*, Paris, 1941.

para a qual se tem ótima documentação, gasta nesse período 120 mil florins, 30 mil dos quais para seu palácio: criadagem, alimentação, cera, madeira, feno, lavagem de roupa, manutenção dos cavalos e esmolas. As despesas não domésticas são a compra de pergaminhos e já de papel, as despesas de capelães, notários ou mensageiros. As receitas provêm em primeiro lugar da suserania da Santa Sé: os impostos devidos pelo rei de Nápoles e por outros senhores italianos e o óbolo de São Pedro pago pelos reinos escandinavos. Mas esses pagamentos nem sempre são honrados por aqueles que devem fazê-lo, apesar das frequentes excomunhões. As somas que por sua eleição ou nomeação devem pagar os novos bispos e abades chegam a 26 mil florins. Jean Favier lembra que alguns atrasados de dízimos completam a receita. Clemente V consumiu uma parte importante das receitas pontifícias fazendo doações a grandes personagens, com as quais pretendia atrair o favor e a proteção, como os reis da França e da Inglaterra, mas também — e principalmente — à sua família, porque pratica amplamente o nepotismo. Se a Igreja, como se viu, organizou, ao menos desde o pontificado de Inocêncio III (1198-1216), seu orçamento financeiro em relação à sociedade cristã, a corte pontifícia ainda não tinha chegado a esse ponto de organização. Uma etapa essencial foi cumprida por João XXII (1316-1334), que estendeu o fisco pontifício a todos os benefícios.

Dois acontecimentos agravarão consideravelmente as necessidades da corte pontifícia: por um lado a construção do Palácio dos Papas em Avignon de 1345 a 1360 e, por outro lado, o desenvolvimento das guerras mantidas na Itália contra os agressores dos Estados pontifícios. Voltamos a encontrar aqui dois grandes domínios que aceleraram e aumentaram na Idade Média o recurso ao dinheiro: a construção e a guerra. O Estado pontifício avinhonense é levado então a aumentar suas exações* a partir do pontificado de Clemente VI (1342-1352). A primeira fonte de receitas consiste na penhora dos benefícios, que se manifesta de duas maneiras: seja através da nomeação direta pelo papa de titulares de benefícios com uma parte destinada ao próprio papado, seja com a confiscação pela Santa Sé do rendimento dos benefícios vacantes. O fisco pontifício vê-se de modo inesperado fortemente enriquecido como consequência da grande catástrofe que atinge a cristandade europeia a partir de 1348, a peste negra. A morte de titulares de benefícios pela epidemia multiplica as fontes pontifícias quanto à reserva dos benefícios. A avidez pontifícia aumenta os conflitos entre a Santa Sé, as Igrejas nacionais e os príncipes. É o caso em particular da Alemanha e por longo tempo da Inglaterra. É possível dizer que a avidez fiscal do papado avinhonense foi uma das causas longínquas da Reforma. Da penhora por parte da Santa Sé sobre os benefícios surge uma nova fonte de rendimentos. Na verdade, os clérigos adquirem o hábito de enviar ao papa, com grande antecedência, uma súplica no sentido da obtenção de um benefício quando este ainda está na posse de seus titulares. Para torná-las ainda mais eficazes, essas súplicas frequentemente são acompanhadas de doações à Santa Sé. Já em 1309, como conta Jean Favier, um clérigo aragonês levando uma súplica a Avignon escreveu: "Ninguém acredita que se possa fazer alguma

---

*Convém explicar, por não se tratar de palavra tão corrente assim: exação é o ato de cobrar o indevido ou, pelo menos, mais do que é devido. (*N. do T.*)

coisa por direito justo, por piedade ou por caridade se não se tem denários." O fisco pontifício avinhonense assume às vezes uma tal importância que os clérigos vítimas dele eram incapazes de pagar e conseguiam obter diminuição das somas exigidas. Outra consequência desses excessos foi que o pagamento das anatas, que incidia sobre os benefícios maiores e os "serviços comuns", e em vez de ser regulamentado para uma única cobrança, como era normal, passou a estender-se por várias prestações.

O papado de Avignon também desenvolveu uma antiga prática, porém até então limitada, para a negociação com os príncipes leigos de uma outorga a eles do produto de uma contribuição exigida pela Igreja. Essa prática tivera origem, ou pelo menos sua quase generalização, na época das cruzadas, que, supõe-se, a Igreja tinha de financiar em parte. Os príncipes cristãos retomaram essa negociação no século XIV, o que levou a Igreja a evocar frequentemente a possibilidade de uma nova cruzada. Retoma-se aqui a ligação entre o dinheiro e a guerra ainda mais notável, pois se tratava de uma guerra por motivo religioso, de resto tornada ilusória, como a história mostrou. O papado avinhonense imaginou outro processo para obter dinheiro. Tratava-se das procurações. Os eclesiásticos de alta condição, bispos, arcediagos, deões,* tinham obrigação de visitar a intervalos regulares as igrejas que estavam sob sua jurisdição. Tocava-lhes uma

---

*Arcediago é um diácono (padre) com certa autoridade sobre o clero local, como mostra o próprio étimo *arquidiácono*. Ou seja, uma espécie de arquipadre ou sub-bispo, enfim alguém com certos poderes de bispo (implícito na função de visitador), mas sem o título. Quanto a deão, só se usa no mundo eclesiástico: fora dele diz-se decano (primitivamente, o chefe de dez pessoas). (*N. do T.*)

quantia correspondente aos gastos de deslocamento chamada procuração. O papa Inocêncio IV no século XIII suprimiu essas procurações, tornando obrigatória a hospitalidade gratuita aos prelados visitadores. Os papas de Avignon não se contentaram em restabelecer as procurações, reservaram a metade do dinheiro delas à Santa Sé. Como no caso da maior parte dos aumentos ou das inovações do papado em matéria fiscal, essa reserva, que era segundo Jean Favier um verdadeiro sequestro financeiro, foi justificada pela Santa Sé dadas as despesas que lhe impunha a luta contra a heresia. Sabe-se, entretanto, que a virulência da heresia foi menor no século XIV do que no XIII. Vê-se assim como o dinheiro foi, para o papado, motivo de manutenção de uma imagem enganadora da realidade religiosa no mundo e do papel da Igreja "romana". Cruzadas, heresias sobreviviam na imaginação dos cristãos para satisfazer os apetites financeiros da Igreja.

Pelos custos de seu palácio e das operações militares na Itália, o papado de Avignon foi considerado na sociedade do século XIV uma comunidade particularmente rica. Em torno dos papas, os membros mais eminentes dessa comunidade, os cardeais e prelados,* enriqueciam nessa situação. Também desempenharam, numa sociedade em que o endividamento se desenvolvia, um papel não negligenciável de credores, mas, em razão da tradição eclesiástica, estavam dispostos, mais que os outros emprestadores da cristandade, a manipular as peças de tesouros ao lado dos valores monetários e recebiam em geral como garantia de seus empréstimos peças de ouri-

---

*Na Idade Média, a expressão prelado não designava, como hoje, qualquer bispo: era um título frequentemente honorífico concedido pelo papa, mas em alguns casos os tornava responsáveis por uma arquidiocese. (*N. do T.*)

vesaria. Jean Favier cita muitos exemplos dessas garantias, eu lembro o do cardeal Guillaume d'Aigrefeuille, que em 1373 recebeu como garantia duas cruzes de ouro cravejadas de esmeraldas, pérolas, safiras e camafeus, baixelas de prata, candelabros e até a cátedra de prata que tinha sido de Clemente VI, o equivalente a 30 marcos de ouro e 1.600 marcos de prata.

Um dos principais problemas que o papado encontrou foi a transferência para Avignon das somas das coletas no conjunto da cristandade. O transporte material por estrada estava ameaçado pela insegurança que reinava numa grande parte da Europa, sobretudo naquele século XIV em que assaltantes mercenários, os bandidos das estradas, são numerosos. Parece mais indicado recorrer aos bancos, tanto mais que a instalação do papado em Avignon provocara a chegada de muitos deles à cidade. Mas aqui entram duas circunstâncias negativas. A cristandade ainda não está habituada à prática bancária, a rede de agências capaz de garantir as operações de câmbio regularmente é muito limitada. Fora da Itália quase não há postos bancários, a não ser em Londres, Bruges, Paris, Montpellier, Barcelona e Lisboa. Além disso, os bancos temem a falência a que poderiam ser levados por uma grande atividade de empréstimos, como houve nos anos 1342-1346. Só funcionam bem as relações financeiras da Igreja com a Itália, e em particular o financiamento pelo papado de Avignon de suas empresas italianas.

Em resumo, o papado de Avignon se beneficia com um crescimento de sobe e desce, porque no total há uma forte progressão de rendimentos fiscais: 228 mil florins por ano sob João XXII (1316-1334), 166 mil sob Bento XII (1334-1342), 188.500 sob Clemente VI (1342-1352), 253.600 com

Inocêncio VI (1352-1362), 260 mil com Urbano V (1362-1370) e afinal um grande avanço com Gregório XI (1370-1378), 481 mil florins.

... e a monarquia francesa

O segundo exemplo, que apresentarei resumidamente, é o das finanças da monarquia francesa. Os esforços dos reis da França nos séculos XIV e XV para estabelecer impostos permanentes desembocam numa tentativa de racionalização do poder que na realidade não chega a um termo.

As instituições estabelecidas pelos reis mostraram certa eficiência no controle dos rendimentos não regulares ou extraordinários. O Tesouro, instalado no Louvre em 1317, era administrado por quatro tesoureiros, assistidos por dois clérigos do Tesouro. A partir de 1443-1445, cada tesoureiro teve uma área de jurisdição: langue d'Oil, langue d'Oc,* Além-Sena, Normandia, depois Guyenne, Borgonha, Picardia e Artois. Itinerantes, os tesoureiros prestavam contas de sua atividade à Câmara das Contas, definitivamente organizada, como se sabe, em 1320. Havia ainda uma Corte de Ajuda, que tratava dos problemas do fisco e da cobrança do imposto, e uma Corte do Tesouro mantinha a jurisdição sobre a

---

*Na passagem do latim para o francês surgiram vários dialetos na região correspondente à França de hoje. Esses dialetos foram divididos historicamente pelos linguistas em dois grandes grupos: o da *langue d'oil* (ao Norte) e o o da *langue d'oc* (ao Sul). Da *langue d'oil* formou-se o francês atual, mas os dialetos do Sul resistiram e deram mesmo origem a uma nova língua, o provençal, que sobreviveu até como língua literária. Embora se fale francês por toda parte, no Sul até hoje o francês convive com o provençal, ou *langue d'oc*. (N. do T.)

gestão do domínio real. Filipe, o Belo, criou um organismo totalmente diferente do Tesouro, a *Argenterie*, espécie de loja para as provisões do palácio real, a conservação dos móveis, vestes e ornamentos reais. A *Argenterie* também financiava as cerimônias e as festas. Jean Favier chama a atenção para o fato de que o responsável pela *Argenterie* é muitas vezes um comerciante e não um oficial do reino. O mais célebre desses comerciantes foi Jacques Coeur. Prova, ainda uma vez, que a palavra dinheiro* na Idade Média tem um sentido diferente do atual. A Corte do Tesouro conheceu uma decadência quase permanente porque era-lhe difícil verificar o conjunto das operações financeiras do reino na extensão do território. Assim, as funções de controle financeiro no século XV foram sucessivamente absorvidas pelos parlamentos e as cortes pouco a pouco espalhados por todo o território. Quanto à Câmara das Moedas, a pluralidade das oficinas de cunhagem monetária, que persistiu, tirava-lhe grande parte de seu poder teórico.

O imposto, para ser eficaz, exigia uma regularidade que não chegou a se estabelecer plenamente, em razão, especialmente, da fragilidade das previsões em matéria financeira e da longa impotência da realeza no sentido de manter um verdadeiro orçamento nacional. O período decisivo para o estabelecimento do imposto vai mais ou menos de 1355 a 1370, quando os reis João II, o Bom, e Carlos V necessitaram de meios para fazer face à guerra contra a Inglaterra e, depois, para manter a paz acertada pelo Tratado de Brétigny, em 1360. Como o hábito tinha determinado, foram consultadas duas

---

*Ou seja, *argent*, que está na raiz de *Argenterie*. (N. do T.)

assembleias, uma para a região da língua d'oil, outra para os países da língua d'oc. Resultou disso um remanejamento da carta da organização financeira do reino, cuja base foi a circunscrição mais estável, a diocese. Os impostos criados foram uma taxa sobre a venda de mercadorias, um imposto extraordinário e outro sobre o sal (gabela), violentamente contestados. Por volta de 1370, o regime fiscal da monarquia francesa, considerando a experiência, estabeleceu-se sobre a base tradicional dos rendimentos indiretos, os socorros, e sobre um imposto geral e direto chamado *fouage* porque a base de cobrança era cada casa (*feu*), isto é, cada família.

O imposto regular tornou-se, assim, muito mal visto pela grande maioria da população. Tanto que, em seu leito de morte, em setembro de 1380, Carlos V, pretendendo que seus súditos guardassem dele uma boa imagem, aboliu todos os *fouages*, ou seja, o imposto direto. Mas a maioria da população francesa — que o rei chamava de "meu povo" — só ficou satisfeita quando também conseguiu de seu sucessor, o que significa os tios que vieram a governar em nome do jovem rei Carlos VI, a ab-rogação dos rendimentos indiretos, os socorros. O problema fiscal continuou grave durante todo o reinado de Carlos VI e alimentou as agitações dessa época que produziram a revolução parisiense de 1413 — dita cabochiana, do nome de seu líder popular, o açougueiro Caboche — e a aceitação por parte dessa população do domínio do duque de Borgonha e do Tratado de Troyes que, com a morte de Carlos VI, tornou rei da França o infante inglês Henrique VI. Em sua luta contra os ingleses, o delfim, depois rei Carlos VII, não obteve dos conselhos que reuniu mais do que contribuições temporárias justificadas pela guerra contra os ingleses. Mas quando Carlos VII restabeleceu seu domínio sobre o reino da França assegurou o monopólio da coroa sobre o imposto e o pôs em execução por uma série de ordenações reais, e afinal pela Pragmática Sanção de 1438. Essa reorganização incluiu a criação de novas instituições e os soberanos do século XVI mantiveram a dominação da realeza sobre as finanças do reino instituindo especialmente em 1577 os escritórios de finanças, ou *généralités*, que se tornaram "a verdadeira divisão financeira depois administrativa e política do reino da França até a Revolução".[68]

O dinheiro desempenhou então um papel importante, porém movimentado na formação daquilo que se chamou mais tarde na França e no resto da Europa a monarquia absoluta. Mas a base financeira desse regime foi delicada e incerta, suscitando a contestação. Também nesse domínio, o dinheiro não assumiu sua significação moderna senão a partir do século XVIII.

---

[68] F. Lot e R. Fawtier, *Histoire des institutions françaises au Moyen Âge*, tomo 2, *Institutions royales*, p. 279.

12. Preços, salários e moeda nos séculos XIV e XV

Os dois últimos séculos da Idade Média oferecem contrastes sob muitos pontos de vista. Jérôme Baschet muitas interrogações fez em torno desses contrastes.[69] Os historiadores puderam ver nesse período também um declínio — segundo a obra célebre de Johan Huizinga *L'Automne du Moyen Âge* tratar-se-ia de um triste outono — que, para retomar a expressão de Jérôme Baschet, muito ao contrário, teve uma "dinâmica continuada". É fácil constatar que calamidades não faltaram. Depois da fome geral de 1315-1317, a peste negra explode em 1348, mata ao menos uma terça parte da população cristã e voltaria periodicamente. A guerra, sob a forma de batalhas violentas ou de escaramuças e de rapinas, está presente em quase todo o Ocidente até o meado

---
[69]*La Civilisation féodale. De l'an mil à la colonisation de l'Amérique*, Paris, Aubier, 2004, pp. 228-278.

do século XV, servindo de modelo a Guerra dos Cem Anos entre França e Inglaterra. A Igreja iria autodilacerar-se com o Grande Cisma, que transfere o papado para Avignon, capital artificial do cristianismo, depois opõe um papa a outro e por vezes três deles entre si. O imposto necessário para o funcionamento de um sistema real ou comunal encontra dificuldade para se impor e os príncipes têm de recorrer ao empréstimo, que condena a cristandade a uma crise quase permanente. O rei da Inglaterra Eduardo III pede dinheiro emprestado aos Bardi, de Florença, o que quase os leva à falência. Para reconstruir a França após a Guerra dos Cem Anos, Carlos VII empresta dinheiro a Jacques Coeur, que mandará prender por não lhe ter pago o empréstimo. No Império, o imperador Maximiliano faz um empréstimo para a grande família de Nuremberg, os Fugger,* que conseguiu tirar partido da ajuda do imperador e sobretudo da exploração de novas minas de cobre e de prata do Tirol e até da Espanha. Quando, porém, os Fugger se tornaram os banqueiros de Carlos Quinto,** para o qual eles pagaram os grandes eleitores*** do Império, e de Filipe II na Espanha, as bancarrotas da monarquia espanhola os arruinaram e eles acabaram por desaparecer

---

*Os Fugger eram de Augsburgo e, nos séculos XV e XVI, dariam apoio aos Habsburgo. (*N. do T.*)
**Foi assim, com o ordinal por extenso, como se fosse um sobrenome e não com algarismo romano, que esse imperador (1519) nascido na cidade belga de Gand, em 1500, se tornou conhecido. Também foi rei da Espanha (como Carlos I) e da Sicília (como Carlos IV). Era filho de Filipe, o Belo (não o rei francês, mas o arquiduque da Áustria) e de Joana, a Louca, de Espanha. Abdicou em 1556 e se retirou para o convento de Yustes, na Estremadura (Espanha), onde morreu em 1558. (*N. do T.*)
***Os sete árbitros do poder imperial nomeados pela bula papal de 1356 eram chamados eleitores, ou Eleitores, com maiúscula. O Sacro Império Romano-Germânico, já dividido territorialmente e reduzido praticamente à Alemanha, não resistiu às conquistas napoleônicas e foi dissolvido em 1806, quando da renúncia de Francisco II à coroa imperial da Alemanha. (*N. do T.*)

no século XVI. Essas calamidades só tiveram consequências nefastas para a economia. E, sobretudo, uma vez que a paz voltou na metade do século XV, a Europa — conclui com propriedade Jérôme Baschet — retoma seu impulso, sem todavia voltar por toda parte ao alto nível de prosperidade do fim do longo século XIII.

A variação dos preços

A evolução dos preços e dos salários reflete esse movimento contrastado. Ainda que sejam raros os dados numéricos, dispõe-se, entretanto, de fontes suficientes para esboçar a evolução dos preços e dos salários na cristandade do fim da Idade Média.[70] Philippe Contamine, utilizando os trabalhos de Hugues Neveux sobre o Cambraisis (na região em que está a cidade de Cambrai, banhada pelo rio Escaut), dá os seguintes índices de produção de aveia e de trigo:

Aveia:
    por volta de 1320: 160-170
    de 1370: 100
    de 1450-1460: 65-70
    de 1520: 80
Trigo:
    por volta de 1320: 140-150
    de 1370: 100
    de 1450-1480: 80
    de 1520: 90-95

---

[70]Utilizo aqui principalmente a obra de Philippe Contamine, Marc Bompaire, Stéphane Lebecq e Jean-Louis Sarrazin, *L'Économie médiévale*, op. cit.

Essas diminuições na produção [no cômputo geral dos 200 anos] sem nenhuma dúvida foram causadas principalmente pela queda demográfica.

Em compensação, durante o mesmo período os preços industriais permaneceram praticamente estáveis, o que leva Philippe Contamine a concluir que haveria desequilíbrio da eficiência entre regiões agrícolas e regiões industriais. Julien Demade, a partir de uma série referente ao preço do pão em Nuremberg de 1427 a 1538,[71] mostrou com precisão os dois grandes tipos de variabilidade dos preços, as variabilidades intra e interanuais, e como ambas são fortes. A introdução da moeda na fixação dos preços e nas vendas dos gêneros alimentícios numericamente avaliados mostra bem um fato já citado, mas ao qual se deu destaque mínimo, a repercussão da circulação monetária sobre o tempo. Julien Demade ainda observou que, sobretudo no sul da Alemanha, a antecipação das retiradas monetárias dos dominantes sobre os dominados concentra-se no tempo, pouco depois das colheitas, mas com uma defasagem que permite aos devedores efetuar suas vendas. Essa variação dos preços mostra a ligação existente entre o mercado dos gêneros alimentícios e a antecipação senhorial quanto aos preços, e principalmente o papel do tempo, no domínio dos preços como no espaço, no funcionamento da sociedade medieval. É o momento de dizer com o

---

[71] "Transactions foncières et transactions frumentaires: une relation de contrainte ou d'opportunité? L'exemple de tenanciers de l'hôpital de Nuremberg (1432-1527)" [Transações fundiárias e transações relativas a trigais: uma relação de constrangimento ou de oportunidade? O exemplo dos arrendatários do hospital de Nuremberg (1432-1527)], em Laurent Feller, Chris Wickham, *Le Marché de la terre au Moyen Âge*, École française de Rome, 2005, pp. 341-403.

autor que "a emergência e o crescimento do mercado no fim da Idade Média nada têm a ver com uma putativa transição para o capitalismo, são, ao contrário, uma reorganização do sistema feudal que o reforça consideravelmente". Aqui se trata certamente de uma parte da Europa que, como mostrou o excelente historiador polonês Marian Malowist, permanece fracamente desenvolvida, a ponto de conhecer no século XV uma segunda servidão, principalmente nas regiões mais orientais como a Hungria ou a Polônia, onde a situação monetária é medíocre,[72] mas a ligação entre o mercado de gêneros alimentícios e a antecipação de dinheiro senhorial observa-se no fim da Idade Média em todo o Ocidente. Vamos mais longe. Retomarei aqui a constatação de Laurent Feller:[73] "A compra e a venda não são provocadas apenas por considerações mercantis mas igualmente obedecem a lógicas sociais, determinadas estas pelo parentesco, a amizade, a vizinhança assim como pelo fato de pertencer alguém a tal ou qual grupo de *status* equivalente", e lembro que, além das solidariedades sociais, o sistema dos preços também é influenciado pelo desenvolvimento das burocracias principescas e urbanas e pelos esforços das instituições para criar impostos.

---

[72] "The Problem of the Inequality of Economic Development in Europe in the Later Middle Ages" [O Problema da desigualdade do desenvolvimento econômico na Europa na Idade Média tardia], em *The Economic History Review*, série segunda, vol. XIX, nº 1, 1966, pp. 15-28.
[73] L. Feller, *Paysans et seigneurs au Moyen Âge, VIIIe-XVe siècles* [Camponeses e senhores na Idade Média, séculos VIII-XV], Paris, 2007.

O movimento dos salários

Em face do movimento dos preços, convém situar o dos salários. O salário tem sido apresentado frequentemente como um dos principais elementos destruidores do sistema a que chamamos feudal. É verdade que, como de maneira geral a moeda, o salário integrou-se facilmente no funcionamento desse sistema dito feudal, e o fez relativamente cedo uma vez que desde os anos 1260 desencadeiam-se greves pela obtenção de aumento de salários. A passagem, no quadro da evolução do sistema feudal, do regime dominial ao regime senhorial, dilata e acelera consideravelmente a introdução do salário no mercado de trabalho. Bronislaw Geremek mostrou essa evolução no meio urbano de Paris no fim da Idade Média, mas se trata de um traço geral que influi consideravelmente nas transações com gêneros alimentícios.

A depressão demográfica que se aprofunda a partir de 1348, com o início da peste negra, provocou uma penúria de mão de obra que impulsionou a alta dos salários entre 1350 e 1450. A documentação sobre os salários é particularmente rica para os ofícios da construção. Foi muito bem explorada num estudo sobre o pedreiro medieval na Inglaterra.[74] Para um trabalhador da construção inglês, os índices dos salários, que eram de 94 em 1340-1359, subiram a 105 para o período 1360-1379 e a 122 para o período 1380-1399. Os reis da Inglaterra e da França se esforçaram no sentido de limitar esses aumentos por meio dos estatutos de trabalhadores de

---

[74] D. Knopp e G.P. Jones, *The Medieval Mason* [O pedreiro medieval], Manchester, 1933.

1361. E não apenas se esforçaram, esses dois governantes, para que os salários voltassem ao nível de 1348, como foi proibido, por meio de ordenação, que se desse esmola aos mendigos que não fossem inválidos e se recusassem a trabalhar. Na Inglaterra desejou-se mesmo pôr para trabalhar ou manter no trabalho as crianças a partir dos doze anos. Essa regulamentação, muito mal recebida pelos artesãos e os operários, parece ter funcionado mal e depois ter sido abandonada. Na alta Normandia o operário qualificado recebendo dois *sous* torneses por dia em 1320-1340 viu seu salário passar a quatro *sous* torneses de 1405 a 1520. O salário dos serventes de pedreiro também dobrou no período, o máximo de aumento conhecido deu-se no salário dos carregadores de fardos de Wurtzburgo,* que triplicou.

Um colóquio reunindo historiadores europeus em 2007 em Barcelona estudou os salários do fim da Idade Média. Como se sabia, ou como se podia duvidar disso, existiam entre os assalariados diferenças notáveis de remuneração — eram mais bem pagos os mestres de corporação ou de canteiro, e de modo geral os que exerciam tarefas de organização e de direção —, e o leque dos salários, do aprendiz ao mestre, alargou-se. O tempo de trabalho regulamentou-se pelo *status* de cada um, sinal da influência do pagamento em moeda sobre a concepção e a utilização do tempo. Em Pistoia,** por exemplo, o tempo de trabalho era diferente no verão e no inverno, a unidade de tempo de trabalho era

---

*Cidade alemã da Baviera às margens do rio Meno. Atualmente tem cerca de 130 mil habitantes. (*N. do T.*)
**Cidade da Itália, na Toscana, tem hoje cerca de 85 mil habitantes. (*N. do T.*)

de vinte minutos, e diminuía-se o salário em caso de atraso do operário. No fim da Idade Média, um salário particular e mais elevado fez com que arquitetos, pintores, escultores passassem da categoria de artesãos ao status de artistas. Como sublinha Henri Bresc numa edição eletrônica sobre o trabalho na Idade Média, o aumento do uso da moeda nos canteiros e na atividade manual também acabou por influir sobre outro conceito que os homens da Idade Média, dos teólogos aos pobres, têm dificuldade para compreender e definir — o conceito de trabalho.

O desenvolvimento do luxo

Apesar da multiplicação das provações, em particular as guerras e as epidemias, no fim do século XIV e no século XV, o luxo, já crescente no século XIII, toma proporções espetaculares, introduzindo nas camadas superiores da sociedade senhorial e burguesa despesas mais e mais importantes. Em todo esse período, os governantes, e em particular os reis, de um lado, as cidades, de outro, tentaram refrear esse recrudescimento de despesas que a Igreja também combate por motivos religiosos, ainda que um monumento como o palácio dos papas em Avignon mostre que, não por prazer pessoal mas por afirmação coletiva de prestígio, o papado é uma das instituições mais gastadoras, senão a mais gastadora entre todas, no Ocidente. Assim, depois de Filipe, o Belo, João II, o Bom, em 1355-1356, e Carlos V, em 1366, condenaram tal ou qual tipo de despesas de luxo, por exemplo, as joias e a ourivesaria volumosa. O próprio Carlos V, já o dissemos, proibiu o uso dos extravagantes sapatos de polaina.* Em 1367, esse rei proibiu especificamente às mulheres de Montpellier o uso de pedras preciosas e, a imoralidade unindo-se ao luxo, vestidos de decote muito aberto. Em 1485, Carlos VIII proibiu as roupas de seda e de veludo. À Itália recomendou-se especialmente refrear esse excesso de luxo que se pode considerar antes um fenômeno do Renascimento do que propriamente medieval. O luxo da mesa foi particularmente reprimido. O dinheiro ainda favorecia o desenvolvimento de muitos pecados capitais, o que reforçava a atitude negativa da Igreja em relação a ele. A *avareza* era não poucas vezes elevada à condição de principal entre os pecados capitais e a *gula*, que tinha sido objeto de vivos ataques por parte do ascetismo monástico na alta Idade Média — depois parecia ter sido admitida, com o desenvolvimento do "comportamento à mesa" no século XIII —, desencadeou-se de novo nos séculos XIV e XV. A opinião pública, no ponto para começar a se manifestar, estava, de resto, dividida entre dois sentimentos opostos diante desse luxo e das despesas que ele impunha. Por um lado, defendia a hostilidade da Igreja e a hostilidade popular a respeito dos *"nouveaux riches"*,** mas de toda forma o luxo era um sinal de prestígio numa

---

*Tipo de sapato de bico fino levantado, que segundo o *Petit Larousse Illustré* esteve na moda nos séculos XIV e XV. (*N. do T.*)

**Mantenho o original neste trecho em que surge pela primeira a expressão desse modo integrada ao dia a dia dos falantes de língua portuguesa. Mais adiante, porém, passo a traduzi-la, eis que já é viva por aqui também a tradução. (*N. do T.*)

sociedade baseada em uma profunda desigualdade entre as categorias sociais. Os séculos XIV e XV foram o tempo dos banquetes que deslumbraram e escandalizaram simultaneamente. Sob essa forma de luxo o dinheiro também alimentava e aumentava o efeito contraditório da hierarquia na sociedade feudal. O dinheiro desenvolvia nas mentalidades o combate entre a condenação e a admiração.[75] O luxo contribuiu para o desenvolvimento de uma situação criada em grande parte pela monetarização da economia e que foi um dos maiores flagelos dos séculos XIV e XV: o endividamento.

O século XV também foi um século de oposições no qual o dinheiro parece ter desempenhado um papel crescente. Pode-se falar então, verdadeiramente, de uma categoria de *nouveaux riches* e do luxo cada vez mais do tipo de falso brilho que se manifestava especialmente no mobiliário e no sucesso da tapeçaria, enquanto a agitação dos pobres crescia nas cidades. É a Paris de Villon,* cidade que passava então por capital da "vagabundagem".

---

[75] Achar-se-á um estudo exemplar sobre esses problemas no artigo de Cécile Perol "Le mariage et les lois somptuaires en Toscane au XIVe siècle" [O casamento e as leis suntuárias na Toscana no século XIV], artigo citado [no fim do Cap. 5]. Para o luxo quanto à alimentação, pode-se citar o artigo de Antonella Campanelli "La table sous contrôle. Les banquets et l'excès alimentaire dans le cadre des lois somptuaires en Italie entre Le Moyen Âge et la Renaissance" [A mesa sob controle. Os banquetes e o excesso alimentar no quadro das leis suntuárias na Itália entre a Idade Média e o Renascimento], em *Food and History*, 4/2, datado de 2006, publicado em 2007, pp. 131-150.
*Referência a François Villon (1431-aproximadamente 1463), poeta parisiense que por várias vezes correu o risco da forca em sua vida aventurosa. Cronologicamente, é o primeiro grande lírico a expressar-se naquele que os linguistas chamam de francês moderno. (*N. do T.*)

A diversidade das moedas no fim da Idade Média

Como estava a circulação de moedas na Europa por volta de 1400? Peter Spufford tentou precisar isso. Lembremos a distinção necessária entre três tipos de moeda: o nível superior, no qual triunfa o ouro; um nível médio-superior, que é principalmente o domínio da prata; e por fim o domínio inferior da moeda chamada *billon* ou moeda negra, no mais das vezes moeda de cobre. Nos dois níveis superiores nota-se certa tendência, ao mesmo tempo que um crescimento da circulação das moedas, à diminuição dos tipos de moedas em uso. O primeiro fenômeno se deve à retomada do comércio e ao aumento da intensidade da vida pública e privada, em segundo lugar ao desenvolvimento dos monopólios principescos sobre a moeda e à dominação de certas redes financeiras. As consequências disso foram a tendência à constituição de sistemas monetários relativamente "nacionais" e ao reforço da circulação das duas grandes moedas "internacionais", o florim, de Florença, e o ducado, de Veneza. No século XV, o ducado veneziano atingiu uma tal posição dominante que substituiu também o termo florim. Sua influência também se fez sentir sobre o teor de metal precioso e sobre o peso das outras principais moedas europeias. O escudo de ouro francês reduziu-se em 1424 ao mesmo peso do florim. O nobre de ouro inglês tornou-se em 1412 um duplo florim ou ducado. O prestígio da moeda de ouro na Europa do século XV fez do ducado uma espécie de *standard*. As peças de ouro trazidas da África pelas caravelas do português Henrique, o Navegador, no meado do século XV, chamaram-se cruzados e tiveram o mesmo peso e o mesmo título* que o ducado. O ouro, em particular, ligava-se aos grandes pagamentos provenientes das guerras, domínio privilegiado do uso da prata, e em particular para o pagamento de resgates principescos. O resgate do rei da França João II, o Bom, o dote de Isabel da França, mulher de Ricardo II da Inglaterra, o resgate de Tiago I de Chipre, o preço do abandono por Jean de Gand de seus direitos em benefício da coroa inglesa, tudo isso foi pago em ducados.

O valor dessas peças de ouro era tão elevado que a grande maioria da população medieval nunca se serviu delas. As moedas de ouro eram apanágio dos nobres, dos administradores importantes e dos grandes comerciantes. Quando em 1433 o novo "cavaleiro de ouro" holandês foi posto em circulação, valia setenta e dois *gros*. No ano seguinte em Antuérpia, os mestres pedreiros que construíam a igreja de Notre-Dame recebiam oito *gros* por dia e seus diaristas quatro *gros* e meio. No campo, o salário dos trabalhadores agrícolas era ainda menor. Para a maioria da população, as moedas mais importantes eram as moedas de prata com as quais se efetuavam os pagamentos ordinários: salários, juros, impostos.

No reino da França, a partir da segunda metade do século XV, a peça de moeda fundamental foi o "branco", que pesava cerca de três gramas e em sua composição entrava um pouco menos do que 50% de prata. O *gros*, dito "dinheiro do rei", continha cerca de uma terça parte da prata de seu equiva-

---

*"Título" de uma moeda era a qualidade que ela devia ter, como por exemplo seu teor de ouro ou de prata. (*N. do T.*)

lente antes da Guerra dos Cem Anos, que era quase de prata pura. Imitações do branco foram cunhadas pelos príncipes franceses semi-independentes, os duques da Bretanha e da Saboia. Esse branco foi estável durante grande período. O Burguês de Paris, anônimo que manteve um jornal de 1405 a 1449, nele revelava o montante dos salários pagos em brancos. Era também nessa moeda que avaliava os produtos constituintes da parcela superior do consumo, velas, azeite, mel, os legumes e as frutas de qualidade. Situada acima da moeda negra ou *billon* das pequenas transações cotidianas, essa moeda de prata utilizada para os produtos de melhor qualidade era em consequência chamada de "moeda branca".

Nas quatro regiões que reuniram sob seu domínio (Flandres, Brabante, Hainaut e Holanda), os duques de Borgonha cunharam a partir de 1433 uma moeda de prata que nessas regiões desempenhou o papel do branco no domínio real francês, o *patard*. Como com o branco, com o *patard* pagavam-se os produtos de qualidade e os pobres quase não dispuseram dele. O cronista Chastellain conta que o duque de Borgonha Filipe, o Bom, tendo se perdido a caçar numa floresta foi recolhido por um lenhador. Querendo voltar para casa, pediu ao lenhador que o guiasse até a estrada principal prometendo-lhe quatro *patards*, soma que fez o lenhador soltar uma exclamação de surpresa. O duque disse-lhe que infelizmente não tinha as moedas, pedindo-lhe que trocasse um florim de ouro, moeda que evidentemente o lenhador nunca tinha visto na vida. Ter então a peça de ouro em mãos foi para o pobre lenhador coisa quase milagrosa, uma vez que a circulação das moedas se dava em função da importância social. Na Itália do Norte, a mais avançada das regiões comerciais da Europa, a cidade mais rica no século XV depois de Veneza foi Milão. A nova peça de ouro cunhada pelos milaneses no meado do século XV, o meio-pegione de prata, substituiu o *gros* de Santo Ambrósio como na França o *gros*, simplesmente *gros*, substituíra o *gros* tornês. A única cidade italiana cuja moeda permaneceu independente da moeda milanesa foi Veneza, mas as repercussões das guerras do século XV provocaram uma série de depreciações do *gros* veneziano.

De maneira geral a tendência, em quase toda a Europa do século XV, foi privilegiar uma moeda de prata de valor médio que correspondia ao restabelecimento, em um nível mediano, da atividade econômica, do valor dos salários e do adiantamento das contribuições.

Para as necessidades interiores, sem dúvida a moeda mais sólida da Europa do século XV foi o *groat*, moeda de prata inglesa. Pequenas moedas de prata circularam também durante esse período por exemplo em Veneza, onde tinham o valor de um *sou* ou de doze pequenos denários venezianos; esses *soldini* cunhados a partir de 1328-1329 logo se tornaram a principal moeda para o pagamento de salários. Da mesma forma, foram cunhados os *soldini* florentinos e se introduziram parcialmente no mercado milanês. No nível mais baixo, os pequenos denários, ou moeda negra, circularam principalmente onde existiam cidades muito populosas, nas quais uma parte da população vivia no limite da pobreza e só parcialmente usava essas moedas. Foi o caso das cidades dos Países Baixos, de Londres e sobretudo da Itália do Norte. Essa moeda negra parece ter também remunerado nas grandes cidades os serviços oferecidos pelas prostitutas. Enfim, alimentou o essencial das esmolas e o denário parisis foi chamado "dinheiro do esmoler". Curiosamente, os reis da Inglaterra, no século XV, jamais cunharam pequenas moedas negras. Se para o comércio de produtos de pequeno valor os londrinos podiam dar um jeito, para as esmolas em especial era preciso recorrer a outras moedas, o que os levava curiosamente a utilizar, para dar esmola, *soldini* venezianos chegados a Londres pelo comércio.

Nas transações entre a Europa e o Oriente, o ducado veneziano foi de longe a moeda mais utilizada. No Oriente, mesmo os mamelucos que governaram o Egito* cunharam a partir de 1425 as moedas conhecidas como *ashrafi*, derivadas do ducado. A diferença de valor entre o ouro superior, a prata habitual para as transações normais e a moeda negra das trocas cotidianas era frequentemente muito grande. Na Sicília, por exemplo, em 1466, os *reali* de ouro valiam vinte carlinos de boa prata, cada carlino valendo sessenta *piccoli* negros. A diferença não era tão grande em Florença, mas a desvalorização praticamente constante das peças de moeda com as quais os trabalhadores têxteis eram pagos (e que se chamavam *lanaiuoli*, que quer dizer "laneiro", como seus patrões) foi uma das principais razões das desordens sociais que agitaram a cidade no século XIV, e em particular da famosa revolta ("revolução") dos Ciompi** de 1378 a 1380. Sobretudo, o mais deplorável para os que tinham de lidar com moedas

---

*E reinaram a partir de 1250: eram escolhidos entre as milícias de soldados escravos conhecidos por essa denominação. Foram os sultões do Egito até o primeiro quartel do século XVI, segundo o *Larousse* já citado nestas notas. (N. do T.)
**Ciompi era o nome que se dava aos artesãos pobres de Florença no século XIV. Privados de todo direito político, desencadearam essa revolta de que fala o Autor. (N. do T.)

foi a instabilidade constante de seu valor, alterado às vezes mês a mês. Veneza, graças em particular à exploração das minas de prata da Sérvia, muito próximas, mantém uma diferença mínima entre os três níveis de moeda em circulação. Em 1413, o ducado valia 124 *soldini*, o que representava entre as duas espécies monetárias uma diferença muito menor do que na Sicília e em Florença. Este é o momento para lembrar o propósito judicioso do grande historiador da economia, e em particular da moeda, que foi Jean Meuvret a respeito de observações feitas pelo Burguês de Paris em seu *Journal* em 1421:

> "Só uma pequena parte da população, negociantes, funcionários das finanças, conhecia a moeda de ouro. Quanto à moeda de prata, o povo em seu conjunto só a utilizava para compras importantes. A única moeda corrente era o *billon* ou a moeda divisionária, e muitas necessidades eram cumpridas pela autoconsumação, a economia acabava com a troca.[76]"

Frequentemente se discutiu essa opinião de Meuvret, julgando-a válida para o século XVI, não para o século XV. Ouvi pessoalmente do próprio Meuvret a opinião de que ela se refere precisamente ao século XV. Em compensação, a moeda de prata, quando se tratava de pagamento ou de avaliação de certa importância, circulava não apenas na cidade (por exemplo, para os salários e as rendas, entre as

---

[76] J. Meuvret, "Circulation monétaire et utilisation économique de la monnaie dans la France du XVIᵉ au XVIIᵉ siècle", em *Études d'histoire moderne et contemporaine*, 1, 1947, republicado em *Études d'histoire économique*, *Cahiers des Annales*, XXXII, Paris, 1971, pp. 127 e seguintes.

classes médias), mas também entre os camponeses que em geral recebiam peças de prata ao vender a parte pessoal de sua colheita.

Em 1469, houve em Bruges uma conferência entre Luís XI, Eduardo IV, Frederico III, Carlos de Borgonha e enviados de Veneza, na tentativa de definir claramente as relações entre as moedas. Era o resultado da constatação, pelos mais poderosos chefes políticos, da desordem monetária, e talvez da ameaça de uma fome monetária, sobretudo em moeda negra, que, os historiadores sabem hoje, tratava-se de um dos principais freios para a "decolagem" da Idade Média.

Anexo

Existiu na Idade Média um mercado da terra?

A questão da existência ou não de um mercado unificado no conjunto da cristandade medieval é um dos problemas essenciais que permitem definir a natureza da economia, e mais particularmente da economia monetária de que tratamos. Assim, dada a importância da economia rural nas sociedades medievais, surgiu uma sequência de trabalhos publicados sobre esse tema, em particular aqueles, nos anos 1990, do inglês Chris Wickham; dos medievalistas franceses, à frente dos quais estão Laurent Feller e François Menant; e uma obra dirigida em comum por Laurent Feller e Chris Wickham, *O mercado da terra na Idade Média*, publicada em 2005, que reuniu uma soma de artigos tendo como objeto o conjunto do espaço europeu. As opiniões expressas nessa obra não caminham todas no mesmo sentido. A problemática, além disso, é influenciada pelo fato de que o termo "mercado" numa acepção mais ou menos global pertence antes à historiografia anglo-saxônica[77] do que à historiografia francesa. A conclusão desse volume riquíssimo, que todavia deixa abertas muitas questões importantes, vai antes no sentido da constatação da ausência de um mercado da terra na Idade Média, opinião fortemente expressa para além mesmo do mercado da terra por Alain Guerreau.[78] A própria natureza dessas pesquisas precisando recorrer à antropologia, Monique Bourin indica no prefácio do volume que a maioria dos autores se afasta das teses, até então as mais invocadas, de Karl Polanyi, para sustentar as de Chayanov (1888-1939). Das ideias de Chayanov tidas como aplicáveis à economia medieval, resultou uma noção de economia camponesa na qual a problemática do mercado da terra integrou a ideia de que as transações são dominadas, ou pelo menos amplamente condicionadas, pela evolução cíclica do tamanho das explorações em função do tamanho das famílias. Essa tese particularmente inspirou a maior parte dos historiadores anglo-saxões estudiosos da eventual existência de um mercado da terra na maior parte das economias do campo em todas as épocas. Creio, ao contrário, como de resto afirmo neste ensaio, que Polanyi tem razão de pensar que, antes da revolução industrial, a Europa, como o resto do mundo, ignorava a dominação do econômico sobre o social, sendo os fenômenos econômicos, afinal, eles próprios inseparáveis de seu contexto social.[79]

---

[77] Talvez pelo fato da precocidade inglesa no domínio financeiro e da ambiguidade do termo *money*, assim como do italiano *pecunia*, herdeiro da Antiguidade.
[78] Alain Guerreau, "Avant le marché, les marchês: en Europe, XIIIᵉ-XVIIIᵉ siècle", *op. cit.*
[79] É o ponto de vista expresso nessa obra, p. 211, por François Menant.

Partilho, repito, da concepção evocada por Monique Bourin no prefácio desse livro (p. XI) segundo a qual há regiões e épocas medievais em que as transações territoriais estão enraizadas no tecido das relações sociais, os rendimentos do poder e as hierarquias correspondendo em geral à realidade. Laurent Feller tem razão de remeter — como ponto de partida na historiografia francesa da reflexão sobre o uso da terra que fazem os camponeses — à obra de Henri Mendras, *La Fin des paysans* [O fim dos camponeses], publicada em 1967, com uma nova edição em 1991. Mendras sustenta nessa obra que, antes de ser uma ferramenta de produção, a terra é para o camponês medieval um bem afetivo com o qual ele mantém relações privilegiadas. Em seus trabalhos sobre as transações relativas à terra na Espanha, e em particular na Galiza, Reyna Pastor mostrou à perfeição que a venda de uma terra é frequentemente uma forma de troca que remete a uma economia da doação escondida por trás de uma ficção, a do caráter econômico de uma transação concluída.

Laurent Feller concluiu de sua rodada de observação que a entrada em circulação das terras na Idade Média deve ser descrita como referência a mecanismos que não obedecem todos à lei do mercado. E sublinha a importância das solidariedades sociais e familiais, e que essas transações poderiam passar também pela doação, mas que por escolha dos atores elas passam pela utilização da moeda (p. 28, *op. cit.*). Florence Weber, por sua vez, constata que "a relação mercantil ocupa uma via estreita entre a guerra e a aliança impessoal". Se bem que, aplicadas a períodos antigos, os séculos X-XI, as ideias da medievalista americana Barbara

Rosenwein,[80] com grande influência sobre os historiadores que trabalharam sobre o que foi Cluny na Idade Média, mostram que muitas outras motivações não econômicas e até não monetárias inspiraram os monges da ordem: a generosidade e o pensamento escatológico, o despojamento e a comunhão com o ideal monástico, a ativação e a manutenção das redes de alianças, a proteção dos patrimônios familiares pelo dote dos filhos entrando nas ordens. Em resumo, como sublinha em nosso volume coletivo Patrice Beck, essas transações fundiárias procedem da economia da doação e se prolongaram até muito além do século XI clunisiano. Em sua obra sobre *La Société dans le Comté de Vendôme de l'an mil au XIVe siècle* (Fayard, 1993), Dominique Barthélemy explica como as transações concernentes à terra misturam economia da doação e economia de mercado. É a mistura cuja base está nas relações sociais no interior da senhoria que define a feudalidade. Sublinhando com destaque a dificuldade de comparar fontes diferentes, na Espanha onde as transações passam em geral por um notário e na Inglaterra onde os arquivos nobiliárquicos e eclesiásticos contêm poucos dados numéricos, Carlos Laliena Corbera nota que se se quer falar de mercado da terra na Espanha da baixa Idade Média é necessário precisar que se trata de um mercado muito fragmentado, tanto na escala regional como local. Mais, que nesse mercado intervêm fatores pessoais não econômicos (clientelismo, ligações de parentesco em particular) (p. 182). François Menant,

---

[80] B. Rosenwein, *To Be the Neighbor of Saint Peter: the Social Meaning of Cluny's Property, 909-1049* [Ser vizinho de São Pedro: o significado social da propriedade de Cluny, 909-1049], Ithaca, Londres, 1989.

em seu excelente estudo cronológico referente à aparição do tema do mercado da terra nas diversas historiografias europeias, dá relevo ao fato de que essa aparição é posterior aos grandes trabalhos sobre a economia da sociedade rural na França e na Inglaterra (trabalhos de Georges Duby, de Robert Fossier, de André Chédeville, e na Inglaterra de Michael Postan), que esse tema combinado com a influência de Chayanov conquista a Inglaterra, mas permanece fora dos trabalhos dos medievalistas franceses e italianos: só o historiador inglês Chris Wickham o introduziu nos estudos sobre a economia rural italiana da Idade Média. Na França, apenas alguns historiadores nos domínios da revista *Annales* e alguns outros na Itália, como Giovanni Levi, adeptos da *microstoria*, se interessaram pelo tema. Na Espanha, o tema do mercado da terra foi introduzido tardiamente e sobretudo pondo em valor seus limites, chegando a empregar a expressão "transação sem mercado".

Emmanuel Grelois, estudando o problema das transações com foco nas terras de Auvergne, nota em primeiro lugar que essas transações incidem mais sobre os rendimentos, as garantias e as rendas inerentes a essas terras do que propriamente sobre as terras em si. Nota também a extrema desigualdade dos preços, mesmo quando se trata de uma superfície média, e conclui que no século XIV, apesar do altíssimo nível de monetarização da economia, os bens de raiz se tornam reservas de valor.

Em sua conclusão, Chris Wickham sublinha que as transações com a terra são sempre uma mistura do econômico e do social, que essa imbricação é uma característica do sistema feudal, como explicou, para outro período e um domínio afastado, a Polônia dos séculos XV-XVII, o grande historiador polonês Witold Kula, em sua *Teoria econômica do sistema feudal* (Varsóvia, 1963; há traduções francesa, inglesa e italiana), e que, qualquer que seja a relativa unidade do sistema feudal europeu na Idade Média, esse sistema apresentou, tratando-se do mercado da terra, numerosas diferenças regionais e locais.

13. As ordens mendicantes e o dinheiro

Voltemos agora, como se anunciou mais atrás, às relações frequentemente debatidas e controvertidas entre as ordens mendicantes — cujo próprio nome é um verdadeiro programa — e o dinheiro. Essas ordens fundadas no século XIII (pregadores dominicanos e franciscanos menores) foram reconhecidas pela hierarquia pontifícia, mas agiam fora do quadro episcopal, dando-se como missão lutar contra a heresia e manter na ortodoxia cristã a nova sociedade que estava pronta para se instalar na cristandade, em particular nas cidades, fundamentando-se estreitamente no exemplo e nas palavras de Jesus Cristo contidas no Novo Testamento. Um dos principais problemas que enfrentaram foi o das relações entre esse cristianismo fundamental e o desenvolvimento das operações que recorriam às moedas, a isso a que damos, nos dias de hoje e neste ensaio, o nome de dinheiro.

Da pobreza voluntária à sociedade de mercado?

Naquilo a que se pode chamar a luta contra o dinheiro ou o diálogo com o dinheiro, a mais engajada das ordens é a dos franciscanos. Seu fundador, Francisco de Assis, é filho de um comerciante, e sua revolta no sentido de alcançar ele próprio a salvação e a ela levar os outros homens comporta como ideia e ação fundamentais não apenas a luta contra o dinheiro, mas a recusa ao dinheiro. Isso introduzirá na ordem que ele funda sob a pressão do papado, e em um mínimo grau na ordem dominicana, a prática da mendicância, donde o nome que será dado a seus integrantes de frades mendicantes. São Francisco e uma parte de seus companheiros hesitarão entre o recurso à mendicância e o recurso ao trabalho manual como base de existência, uma hesitação que não interessa a este estudo. O importante aqui é a atitude dos mendicantes diante do dinheiro, que por um lado aclara a história que este ensaio quer estudar, e que tem por outro lado introduzido na historiografia moderna e contemporânea ásperas discussões.

Francisco de Assis elabora para a comunidade de seus irmãos, sob o comando do papado que quer que essas sociedades religiosas formem uma ordem, uma regra inicial em 1221. O papa pede que ele faça correções, ele segue as instruções e redige em 1223 uma regra que será definitiva porque confirmada por uma bula pontifícia. O capítulo da bula que não funcionou intitula-se "Proibição aos irmãos de receber dinheiro", designado pelos termos *pecuniam aut denarios*, e estabelece com precisão que os frades não devem ter interesse maior por *pecunia et denarii* do que pelas pedras (*"quia non debemus maiorem utilitate habere et reputare in pecunia et denarii quam in lapidibus"*). Na regra definitiva, a redação do capítulo referente à abstenção do dinheiro retoma a proibição firme (*firmiter*): não receber de modo algum *"denarios vel pecuniam"* nem direta nem indiretamente por intermédio de uma pessoa. O capítulo é muito mais curto, faz desaparecer a assimilação das peças de moeda a pedras, mas a proibição é retomada com força.

Tentei mostrar em *La Bourse et la Vie. Economie et religion au Moyen Âge*, a maneira pela qual a Igreja no século XIII tentou conciliar para os bens cristãos o uso do dinheiro (a bolsa) e a obtenção da salvação eterna (a vida). Esse problema tem girado essencialmente em torno da noção e da prática da usura e disso falei em outra parte deste ensaio. Permito-me citar esse estudo porque nele estão definidas as concepções que dominam o presente ensaio. Lá eu sublinhava que a Idade Média representava para si, de um modo muito diferente do nosso, realidades que hoje em dia isolamos para fazer delas o conteúdo de uma categoria específica, o econômico (p. 21 do citado livro em sua edição francesa). Citava nessa passagem o grande economista moderno que é meu principal inspirador no sentido de evitar o anacronismo e compreender o funcionamento do "econômico" na sociedade medieval, Karl Polanyi (1886-1964), o qual nomeei anteriormente. Em particular, citei a maneira pela qual Polanyi mostrava que em certas sociedades antigas como a medieval, "a economia estava engastada — *embedded* — no labirinto das relações sociais". Permiti-me essa lembrança porque ela também é válida para o presente estudo, e as concepções de Polanyi me dão a base para as ideias que me ajudam a definir o que os homens e as mulheres da Idade Média, entre eles os teólogos, concebiam nesse domínio do que hoje chamamos o "dinheiro".

Muitos historiadores modernos e contemporâneos consideraram que as ordens mendicantes, e mais especialmente os franciscanos, desenvolveram de maneira paradoxal, a partir da ideia de pobreza voluntária, uma concepção do dinheiro que inspirará a "sociedade de mercado".[81] Contentar-me-ei em sublinhar aqui a fragilidade da obra sobre a qual, apesar de sua grande erudição, se apoia essencialmente Giacomo Todeschini, o *De emptionibus et venditionibus* ("Sobre compras e vendas"), de Pierre de Jean Olivi, com quem já topamos aqui e que foi objeto de uma áspera polêmica. Situo-me entre os que consideram que esse tratado marginal teve pouca influência na Idade Média e representa antes o aspecto bizarro de um pensa-

---

[81]Na importante bibliografia dos trabalhos de Giacomo Todeschini, além da obra que me parece a mais rica, *I mercanti e il tempio. La società cristiana e il circolo virtuoso della richezza fra Medievo ed Età moderno* [Os comerciantes e o tempo. A sociedade cristã e o círculo virtuoso da riqueza entre a Idade Média e o Estado moderno], Bolonha, 2002, aquela que expõe mais claramente essa interpretação do papel dos franciscanos na elaboração de uma teoria econômica será mais tarde, se orientada para o bem coletivo, a teoria capitalista fundamentada no bom uso da riqueza. Foi publicada em 2004 e traduzida para o francês sob o título *Richesse franciscaine. De la pauvreté volontaire à la société de marché* (Ed. Verdier, 2008) [Riqueza franciscana, Da pobreza voluntária à sociedade de mercado]. O célebre historiador honorário da Universidade de Bolonha Paolo Prodi defende também, ampliando-o mesmo, o nascimento na Idade Média de um poder econômico diferente do poder político em sua obra *Settimo non rubare. Furto e mercato nella storia dell'Occidente* [Sétimo mandamento, não roubar. Furto e mercado na história do Ocidente], Bolonha, il Mulino, 2009.

mento fora das normas do que um ponto de vista que tenha sido professado de um modo mais geral.

O que é certo e importante é que os franciscanos, mais para o fim do século XV apenas, fundaram estabelecimentos de crédito destinados a fornecer um mínimo de dinheiro necessário a fim de que muitas pessoas humildes pudessem prover as próprias existências. A nova pobreza permaneceu até o fim da Idade Média como um dos objetivos essenciais das ordens mendicantes e mais particularmente dos franciscanos. Daniela Rando definiu o montepio como "uma instituição criada com a finalidade de assegurar empréstimos a curto prazo para as classes laboriosas das cidades mediante a garantia de um penhor e o pagamento de um juro".[82] A mais antiga fundação conhecida desse gênero situa-se em Perugia em 1462, por iniciativa do franciscano Michele Carcano, de Milão. Essa instituição se expandiu pela Itália do Norte e depois por toda a Europa. Um montepio se constituía em geral a partir da pregação de um frade, na maioria das vezes um franciscano, seguida pela organização da instituição pelas autoridades urbanas que arrecadavam um capital inicial por esmolas, doações, legados de testamentos, etc, e designavam seus dirigentes e suas regras de funcionamento. Os inspiradores dos montepios se esforçaram para garantir o empréstimo gratuitamente, mas tudo que puderam fazer foi manter a taxa de juro em um nível muito baixo, cerca de 5%. O montepio suscitou vivos ataques porque alguns viram nele uma forma de usura, o que

---

[82] Artigo "Monts-de-piété" [Montepios] em A. Vauchez (org.), *Dictionnaire encyclopédique du Moyen Âge*, Paris, Le Cerf, 1997.

indica quanto a prática e as discussões em torno da usura ainda estavam vivas no fim da Idade Média. O papa Leão X, pela bula *Inter multiplices** (1515), pôs fim à polêmica validando os montepios.

As práticas contábeis dos mendicantes

As ideias e as práticas das ordens mendicantes em matéria de dinheiro chegaram a revestir-se de uma grande importância e, por isso, eu desejaria encerrar este episódio apoiando-me no admirável colóquio organizado por Nicole Bériou e Jacques Chiffoleau: *Economie et religion. L'Expérience des ordres mendiants, XIIIe-XVe siècles* [Economia e religião. A experiência das ordens mendicantes, séculos XIII-XV], Presses universitaires de Lyon, 2009. Vamos às conclusões de Jacques Chiffoleau, e começo por sublinhar a particularidade das práticas das ordens mendicantes, em especial dos franciscanos, trabalhando com alguns grupos emergentes de leigos no domínio que mais tarde vai chamar-se economia. Esses novos hábitos demonstram certa racionalização da vida cristã em seu conjunto como já havia assinalado Max Weber e que os antigos mosteiros, os capítulos das catedrais ou canônicos, os bispos e o que há em torno deles e, em primeiro lugar, o próprio papado adotaram antes dos mendicantes, que

---

*Entre muitos (por tradição, como se sabe, as duas primeiras palavras do texto das bulas papais, sempre redigidas em latim, tornam-se seus títulos definitivos, ainda que muitas vezes apenas essas duas palavras não cheguem a formar um sentido completo).

portanto nesse domínio não inovaram como alguns têm afirmado. Nesse quadro em particular, como deixou claro uma mesa-redonda realizada em 2003 em Roma, nem a própria Câmara Apostólica unificou suas diversas contabilidades.[83] No uso dessas contabilidades os franciscanos deram sempre prioridade ao princípio da pobreza voluntária que é sua mensagem essencial. De fato, as práticas contábeis dos mendicantes, para retomar os termos de Jacques Chiffoleau, hoje nos parecem mais rústicas do que as dos especialistas dos negócios ou dos impostos.[84]

Consistem essencialmente essas práticas "em verificar de modo regular o estado de sua pobreza considerando-se suas despesas de boca [alimentação], vestimentas, suas dívidas diante de doações inesperadas e de rendas regulares com as quais podem contar". Em face do recurso a práticas administrativas novas a partir de 1360-1380, os mendicantes continuam a ser essencialmente orientados para aquilo que Max Weber chamou de "economia da salvação". Como magistralmente mostrou, por exemplo, o estudo já citado de Chiara Frugoni a propósito da construção e da decoração da capela dos Scrovegni em Pádua, o financiamento das igrejas e conventos dos mendicantes que se acelera no século XIV provêm essencialmente de doações *pro mortuis*, de testamentos, de pedidos de inumação

---

[83] "As contabilidades pontifícias", em *Mélanges de l'École Française de Rome, Moyen Âge* [Miscelânea da Escola Francesa de Roma, Idade Média], 2006, pp. 165-268.
[84] N. Coquery, F. Menant, F. Weber, *Écrire, compter, mesurer. Vers une histoire des rationalités pratiques* [Escrever, contar, medir. Para uma história das racionalidades práticas], Paris, 2006.

em suas igrejas ou seus cemitérios. São comportamentos muito diferentes daqueles praticados no caso de investimento financeiro dos leigos ricos na construção. Para ainda uma vez retomar os termos de Jacques Chiffoleau, "as magníficas igrejas e ricas construções dos mendicantes do fim da Idade Média não contradizem tanto quanto se afirmou as regras de vida dos frades, pela boa e simples razão de que essas construções e seu mobiliário verdadeiramente nunca estão completamente em suas mãos. O convento mendicante não pode ser um lugar apropriado apenas para os frades".

As rendas dos mendicantes em toda a Europa provêm principalmente de rendimentos constituídos, criados pelas autoridades urbanas ou principescas para gerar a dívida pública, e por consequência entram na salvaguarda do bem comum e não se tornam propriedade dos frades como também não das autoridades urbanas ou principescas. A palavra *pensio*, que designa todas essas rendas dos frades, tem como sentido básico o fato de que se trata antes de tudo de um simples fornecimento do *victum et vestitum* (a alimentação e as vestes), o que não quebra a prática da pobreza. Além de tudo, os mendicantes recebiam o resultado do uso ou usufruto das rendas e impostos por intermédio de procuradores, o que lhes permitia afirmar que viviam afastados da propriedade e da gestão dos bens, mas isso nem sempre convencia seus contemporâneos críticos como não convence alguns historiadores atuais. É evidente que os frades recorriam aos leigos para algumas operações que seriam contrárias a seus votos de pobreza voluntária e iriam inseri-los, para além de sua pregação, na atividade geral urbana. Isso dá mais eficiência à sua pastoral no meio urbano. Trata-se sem dúvida de um dos exemplos do papel das moedas na Idade Média, de sua ação sobre a formação de sociedades e grupos sociais. O uso da moeda estabelece ligações entre aqueles que dela se servem — ligações que sem dúvida de outra forma não existiriam — ou pelo menos as reforça. Nos séculos XIV e XV, os leigos recorriam aos franciscanos em particular para o sepultamento em seus conventos e para que eles rezassem pelos defuntos. Isso representava aproximadamente a metade do rendimento dessa ordem. A morte se monetariza. A crença que se desenvolve da existência do Purgatório também favorece as doações em dinheiro, por mínimas que sejam, feitas por meio das caixas de esmolas ou, na maioria das igrejas, da "bacia das almas do Purgatório". Lembro que, desde o início do século XII, Honorius Augustodunensis sugere que a hóstia consagrada é como uma moeda necessária à salvação, metáfora evidentemente sugerida pela forma da hóstia, o que mostra bem que o essencial na Idade Média não é o que hoje chamamos dinheiro, mas a ampla difusão da moeda sob nomes, valores e origens diferentes; enfim, que a moeda se imponha como um novo meio de existência.

O tema da pobreza voluntária nos séculos XIV e XV se choca com a valorização da noção de trabalho e com uma condenação crescente do mendigo sadio, em oposição às ordens mendicantes, de pobres voluntários que entretanto praticam cada vez menos o ato de pedir.

Como tento mostrar neste ensaio, no coração dessa economia da salvação e de seu funcionamento social, há "a graça, a *caritas* e a doação". O colóquio *Economia e religião* também mostrou que, contrariamente à posição de

Alain Guerreau, a Idade Média conheceu a ideia de risco e que os próprios mendicantes incluíram em sua visão da atividade humana a existência, em certas condições, de risco. Estou menos convencido quanto à afirmação final segundo a qual os historiadores separam muito a história da religião da história da economia. A evolução das relações entre as ordens mendicantes, particularmente os franciscanos, e aquilo a que chamamos hoje a economia monetária, mostra que não é preciso separar a religião da economia, mas que na Idade Média a economia — e retomarei a tese de Polanyi — está sempre incorporada à atividade de uma humanidade dominada e totalmente animada pela religião. Está aí a meu ver o erro de excelentes historiadores como Giacomo Todeschini, que raciocinaram em função de um virtual pensamento econômico dos franciscanos. Certamente, os ensinamentos e os comportamentos da Igreja incluem preceitos e práticas que têm alguma incidência sobre o que chamamos hoje economia, porém como na Idade Média a economia não apenas deixa de ser percebida mas não existe, as percepções e os pensamentos dos franciscanos têm uma outra significação e se dirigem a uma outra coisa. A pobreza voluntária não tem caráter econômico. Não creio, também, que se possa limitá-la a uma ética, trata-se de um modo de pensar e principalmente de se comportar sob o olhar de Deus nos domínios em que a Bíblia e as tradições ensinaram aos cristãos como deveriam se conduzir para não atrair a cólera de Deus e assegurar seu lugar no paraíso. Nesses comportamentos, os quais implicam um regulamento social e a inclusão no povo cristão, é que é preciso descobrir se essa leitura e esse uso dos ensinamentos da Igreja podem aceitar o dinheiro ou se este não é mais do que um elemento nem sempre claramente percebido da riqueza. Continuo a pensar que ainda que a palavra "rico" seja cada vez mais utilizada, a concepção medieval mantém fundamentalmente a dicotomia da alta Idade Média entre poderosos e pobres. Alguns movimentos religiosos, sobretudo as ordens mendicantes, para melhor sublinhar em que espírito e em que termos abordam a questão, fazem surgir, ao lado do tradicional termo "pobreza", a expressão "pobreza voluntária". Não se trata de uma atitude econômica que se espere dos pobres voluntários, mas de um modo de viver e de pensar.

14. Humanismo, mecenato e dinheiro

Vimos que a Igreja, transformada desde a alta Idade Média em principal poder econômico da Europa, estava perfeitamente acomodada ao desenvolvimento da circulação do dinheiro, a partir principalmente do século XIII. Demos uma atenção especial às relações entre o dinheiro e as ordens mendicantes, em particular aos franciscanos, porque esses religiosos vinham sendo desde seu surgimento no século XIII, e continuam ainda na historiografia atual, objeto de vivas polêmicas sobre o papel e o valor do dinheiro. Mas é preciso reconhecer diferenças entre os diversos meios eclesiásticos e — de acordo com a evolução cronológica das atitudes da Igreja em geral, da Santa Sé em particular — o meio monástico, o meio dos frades franciscanos. Pode-se dizer, de modo geral, que todo o cristianismo que tomava forma nos diversos meios da Igreja era um tanto reticente e mesmo hostil em relação ao dinheiro. Como a Igreja era o grande poder em todos os domínios da Idade Média, sua atitude de desconfiança a respeito do dinheiro inspirou não apenas os pensadores, mas os homens e as mulheres na vida cotidiana pelo menos até o século XIV. Nos séculos XIV e XV, os cristãos europeus evoluíram e para alguns historiadores operaram uma verdadeira reviravolta quanto ao dinheiro. Se não estou seguro de que a definição de rico tenha mudado fundamentalmente nessa época, e que a riqueza tenha sido ligada ao dinheiro, não posso negar essa mudança na minoria da elite cultural e social surgida no fim da Idade Média — elite a que chamamos os humanistas. Creio que o ponto de partida principal dessa reviravolta psicológica e cultural é a mudança de atitude em relação ao comerciante. Muito cedo a Igreja acolheu o comerciante, antes fatalmente destinado ao inferno, e o acolheu essencialmente pelo reconhecimento de sua utilidade e com a condição de que ele respeitasse determinados valores que no século XIII se resumiram à exigência da justiça. André Vauchez mostrou com propriedade que o lento processo de reabilitação do comerciante afinal imposto no início do século XIII — habitualmente se dá como prova desse processo a canonização em 1199 do comerciante de tecidos de Cremona já citado, Homebon, morto em 1197 — é o caminho de conversão da Igreja a respeito dos "negócios" e em consequência cada vez mais a respeito do dinheiro.[85]

---

[85] A. Vauchez, "*Homo mercator vix aut numquam potest Deo placere*: quelques reflexions sur l'attitude des milieux ecclésiastiques face aux nouvelles forme de l'activité économique au XIIe et au début du XIIIe siècle" [O comerciante dificilmente ou nunca pode agradar a Deus: algumas reflexões sobre a atitude dos meios eclesiásticos diante das novas formas da atividade econômica no século XII e no início do século XIII], em *Le Marchand au Moyen Âge*, SHMES, Paris, 1992, pp. 211-217. Não se pode deixar de observar que a introdução, a única conservada, da bula de canonização sublinha que Santo Homebon foi canonizado *apesar* do fato de que tenha sido um comerciante.

Um primeiro humanismo

Às vezes é pouco clara a transição entre a condenação plena e total por parte da Igreja de todas as atitudes ligadas às práticas comerciais e bancárias e aquelas tachadas de usura, por um lado, e por outro lado a prática inerente ao pecado da cupidez, *avaritia*, em rigor um dos sete pecados capitais. A condenação desse pecado de modo oficial existe desde o século XII, mas depois vai sendo substituída lentamente por uma atitude de tolerância, entre alguns pré-humanistas, por um elogio da riqueza, sem excluir a riqueza monetária.

Nicole Bériou mostrou com clareza que entre os pregadores do século XIII havia "variações" quanto ao amor ao dinheiro e, judiciosamente, essa historiadora definiu em seu estudo a situação de "L'esprit de lucre entre vice e vertu".[86] O espírito de lucro nesse estudo é combatido de várias maneiras, mesmo por imagens tradicionais, como a de São Martinho dando ao pobre Damião metade de seu casaco. A usura é frequentemente tratada como uma forma de roubo, concepção já utilizada por Santo Ambrósio depois reprimida no meado do século XIII pelo *Decreto* de Graciano. Os pregadores condenam com frequência os maus ricos levando em consideração a injustiça feita aos pobres, esses novos heróis do cristianismo no século XIII. Os usurários nessas pregações são tratados como assassinos dos pobres. Mas, Nicole Bériou chama a atenção para o fato de que "tanto quanto os teólogos, os pregadores não têm ideia de apresentar a economia como um objeto de investigação a ser tratado em si mesmo". O objetivo deles é de ordem religiosa, o lucro

---
[86] *L'Argent au Moyen Âge*, colóquio de 1997, Paris, 1998, pp. 267-287.

nesses pregadores aparece como um pecado ou pelo menos como uma das fraquezas da natureza humana. A vida do cristão não se mede a palmo pelo dinheiro; o importante para os pregadores desse século é que o amor de Deus é gratuito.

Essa atitude dos primeiros humanistas a respeito do dinheiro não se fez sentir imediatamente no correr do século XIV. Patrick Gilli até mostrou que os humanistas daquela época mantinham em geral posições hostis ao dinheiro dos mais rigorosos adversários da riqueza monetária entre os franciscanos. Essas posições frequentemente estavam em desacordo com Santo Tomás de Aquino, que reconhecia nas riquezas, sem exclusão da riqueza monetária, um valor mínimo porém concreto para a realização do homem na terra. Essa hostilidade em relação ao dinheiro existe particularmente em Bocácio, que dizia, em seu tratado *Remédios de um e de outro efeito*, redigido nos anos 1355-1365: "Amar o dinheiro é sinal de um espírito mesquinho." Os pensadores da Antiguidade que gostavam de se referir a esses humanistas apreciavam citar sobretudo Sêneca, estoico inimigo do dinheiro. Mas uma evolução, e até mesmo uma reviravolta, se desenha no início do século XV. A primeira opinião clara sobre os benefícios do dinheiro para os homens emana de um humanista veneziano, o patrício Francesco Barbaro, em seu tratado sobre o casamento (*De re uxoria*) redigido em 1415. A verdadeira reviravolta na atitude dos humanistas a respeito do dinheiro irradia-se mais de Florença do que de Veneza, por mais importância que o meio veneziano tenha nessa evolução. Leonardo Bruni, filósofo e homem de governo, faz o elogio da riqueza no prefácio da tradução latina (1420-1421) da obra *Econômicas* do pseudo-Aristóteles dedicada a Cosme de Medicis. Os pontos culminantes da nova mentalidade estão em *De avaritia* do florentino Poggio

Bracciolini, cerca de 1429, e sobretudo nos *Livros sobre a família*, datados de 1437-1441, do grande arquiteto e teórico da arte Leon Baptiste Alberti, que estudara em Veneza e em Pádua, mas cuja referência principal é que era membro de uma grande família florentina e muito ligado a Brunelleschi, o célebre construtor da cúpula da catedral de Florença. Em seu tratado, Alberti irá até a seguinte afirmação:

> "Vê-se que o dinheiro está na raiz de todas as coisas, a atração, a alimentação. O dinheiro, ninguém duvida quanto ele é o núcleo de todas as experiências, de modo que aquele que dele dispõe em quantidade escapa de todas as necessidades."

Não se pode negar, porém, o caráter extremo da opinião de um Alberti, nem que os novos turiferários do dinheiro são uma elite, ou, antes, uma minoria. Pode-se considerar que Giordano de Pisa, na linha de Tomás de Aquino, exprime em suas pregações em Florença no século XIV a opinião mais corrente não apenas nos meios eclesiásticos mas até mesmo no mundo dos negócios:

> "Aristóteles diz que há duas espécies de ricos: uma é natural, a outra, artificial. A natural é comparável à riqueza dos campos e dos vinhedos que garantem a subsistência daquele que os cultiva e de sua família. São os ricos mais distintos, aqueles que não merecem nenhuma censura. E muitos cidadãos brilham com essa riqueza. Os outros ricos, aqueles a que chamamos artificiais, são os que fabricam produtos e deles tiram dinheiro. As cidades também estão cheias deles, mas a maior parte dos ricos, nas cidades, não se abstém da usura: estes são os maus ricos. Com o tempo, esses homens se tornam vergonhosos, malfeitores, traidores e corrompidos."

Apesar de um Alberti ou de um Bruni, a Idade Média não se apaixonava pelo dinheiro. Há talvez, definitivamente, uma parte de verdade na ideia entretanto contestável de Max Weber sobre as relações entre o protestantismo e o dinheiro, mas esse caos é mais uma questão de data, creio eu, do que de ligações internas. No século XVI houve a Reforma e, como se verá ainda neste ensaio, um esboço de capitalismo.[87]

O mecenato

Se há um domínio da vida humana em que as ideias e os comportamentos das pessoas da Idade Média eram fundamentalmente diferentes dos nossos, este é precisamente o da arte. Sabe-se que a palavra "arte" só adquire seu sentido atual no século XIX (a partir do alemão *Kunst*), assim como a palavra "artista" só se desliga definitivamente do sentido de artesão no fim do século XVIII, quando desaparecerá a distinção entre "artesão mecânico" e "artesão liberal", distinção que era apenas uma continuação do uso antigo.

Mas a ausência dessas concepções não impedirá os poderosos da Idade Média de encomendar o que chamamos obras de arte a criadores que denominamos artistas. Havia muito se

---

[87]Patrick Gilli, "O lugar do dinheiro no pensamento humanista italiano no século XV", em *L'Argent au Moyen Âge, op. cit.*, pp. 309-326. Daniel R. Lesnick, "Dominican Preaching and the Creation of Capitalist Ideology in Late-Medieval Florence" [A pregação dominicana e a criação da ideologia capitalista na Idade Média tardia de Florença], em *Memorie Domenicane*, n°s 8-9 (1977-1978), pp. 199-247. Na maior parte dos textos aqui citados, e que à medida que o tempo avança cada vez mais são escritos em língua vernácula e não em latim, o termo habitualmente empregado para "dinheiro" é *denaio*, em italiano. Trata-se do denário e vê-se bem pelo vocabulário que não começou ainda a época em que se usará, para designar a forma monetária da riqueza, a palavra dinheiro.

unira a construção dos edifícios mais espetaculares — igrejas e castelos — ao sentimento religioso, à vontade de honrar a Deus, e frequentemente se imaginou que essa construção era obra de cristãos devotos que nela tinham trabalhado com as próprias mãos ou que tinham proporcionado trabalho a camponeses, servos ou livres. No caso da construção de castelos, os trabalhos constituiriam também o resgate de dívidas dos súditos para com seus senhores. Sabe-se agora — e já há tempos — que, salvo raras exceções limitadíssimas, não é nada disso. Já chamei mesmo a atenção para o belo estudo pelo qual o americano Henry Kraus mostrou que a construção das catedrais custou caro por causa da compra de pedras e dos salários dos arquitetos e dos operários. Mas, parece-me que, principalmente a partir do século XII, com a substituição da madeira pela pedra, com o refinamento da pintura e principalmente da escultura, uma das causas de aumento maior das despesas, e portanto de necessidade de moeda, foi aquilo a que chamamos mecenato. Não nos esqueçamos de que, como bem mostrou Umberto Eco, a noção de beleza na Idade Média só se afirma lentamente e, se os comerciantes têm um lugar mais que honroso entre os mecenas, isso se deve principalmente ao fato de que desejavam por meio desse tipo de ação promover seu status social, mais ainda do que aumentar sua riqueza. Ao mesmo tempo, as obras de arte não tão monumentais tornaram-se muitas vezes mercadorias. Um exemplo bem estudado é o de Avignon no século XIV quando a residência dos papas e dos cardeais e de todos os que os rodeavam fez da cidade um mercado de livros raros, de quadros e de tapeçarias. Mas não nos esqueçamos de que Marc Bloch chamou claramente a atenção para o fato de que, em caso de necessidade ou de capricho, os proprietários de obras de arte não hesitavam em mandar fundi-las, para com isso recuperar o metal precioso, operação marginal em relação à vida econômica que deixa claro principalmente a ausência de interesse das pessoas da Idade Média por aquilo que não era considerado trabalho manual. Sem dúvida, à medida que nos aproximamos do Renascimento, cresce o mecenato, a tal ponto que muitas vezes nem mesmo a atividade econômica chegou a adquirir o caráter pré-capitalista que a ela se quis atribuir, pois aqueles a que chamamos banqueiros, e principalmente os italianos, não reclamam para seus benefícios comerciais um prestígio que queriam voltado antes ou para a política ou para o mecenato. O mais brilhante exemplo disso é sem dúvida o dos Medicis: o primeiro monumento funerário de valor na família foi o sarcófago de mármore de Giovanni di Bicci de Medici, morto em 1429, enquanto seu bisneto Lourenço, o Magnífico (1449-1492), já não foi mais conhecido como banqueiro e sim como político e mecenas.

Um mercado de luxo

Talvez mais ainda do que o mecenato, é o desenvolvimento do luxo que provoca a necessidade da moeda. O século XIV conheceu uma volta das leis suntuárias [reguladoras dos gastos e despesas, sobretudo aqueles e aquelas referentes ao luxo, existentes primeiramente na Roma antiga] que tentam sem grande sucesso limitar essa ostentação. A Itália é então, e Florença em particular, grande produtora de cofres ou cofrinhos de casamento nos quais a jovem esposa guarda seu enxoval e seus presentes. O século XV é principalmente o século da tapeçaria e neste caso Flandres e os Países Baixos vencem amplamente, e ainda se destacam as cidades de Arras, Lille, Bruxelas, etc. Apesar dos esforços da Igreja, e em particular das ordens mendicantes reformadas, os assim chamados Observantes,* novos gostos literários e novas mentalidades, como já vimos, favoreceram o desenvolvimento do luxo. O fim da Idade Média é o tempo dos primeiros humanistas. Apesar dessa difusão do luxo e do espírito de luxo, o século XV vê nascer uma nova floração dessas leis suntuárias surgidas no fim do século XIII com o advento dos novos amantes do luxo que, mais que os senhores, eram os grandes burgueses e sobretudo suas esposas. Interessar-se pelo dinheiro leva sempre à história social. No século XV, as leis suntuárias não visam categorias sociais específicas, como faziam ainda alguns estatutos das *villas* italianas do século XIV, mas o conjunto da sociedade. Caso particularmente interessante é o da legislação suntuária do conde Amadeu VIII da Saboia no início do século XV que, nos sobressaltos que marcaram o fim do Grande Cisma, foi papa de 1439 a 1449, sob o nome de Félix V.** Os estatutos de 1430 de Amadeu VIII expressam provavelmente a filosofia de numerosos governantes, reis, príncipes, comunas que editaram tais regras. Essas regras ultrapassam o cuidado de moderar as despesas e de como usar o dinheiro: constituem um verdadeiro código de boa conduta dos súditos de um príncipe ou de uma instituição. Decretam por exemplo a extinção das prostitutas, reprimem

---

*Ramos de determinada ordem religiosa que seguem (observam) com maior rigidez as exigências específicas. Por exemplo, beneditinos de estrita observância etc. (*N. do T.*)

**Oficialmente, a Igreja o considera um antipapa, o último deles. (*N. do T.*)

especialmente as blasfêmias, que apontam como responsáveis pelas infelicidades do período — pestes, tempestades, tremores de terra e fome. As limitações fixadas para o uso do dinheiro são adaptadas à hierarquia social, com o duque no pico e os camponeses na base. A regulamentação do vestir-se, que é o centro dessas leis, não abrange apenas a natureza das roupas, mas também o conjunto de acessórios, a qualidade dos panos, as peles, o corte das roupas e, claro, os chapéus. Os enfeites, as joias, a utilização do ouro e da prata são minuciosamente fiscalizados. Curiosamente, atitudes que para nós teriam relação apenas com a moda nessa regulamentação são consideradas do ponto de vista da moral. O que chama mais a atenção é sem dúvida o fato de que o comprimento dos vestidos depende da posição ocupada na hierarquia social, o longo sendo mais importante do que o curto. Toda a vida dos saboianos é enquadrada e supervisionada pela legislação, mais especialmente os casamentos, os enterros, os banquetes. Dois capítulos referem-se às penas e multas infligidas no caso de desrespeito a essa legislação. Levantou-se a hipótese de que a severidade dessas medidas, ainda que elas não fossem integralmente aplicadas, teria tido certa influência sobre a mentalidade dos saboianos e dos habitantes da atual Suíça ocidental. Amadeu VIII, com suas leis suntuárias, não teria sido um precursor de Calvino?[88]

Entre os objetos de arte que mostram o desenvolvimento de um mercado de produtos de luxo nos séculos XIV e XV estão os marfins parisienses, os alabastros de Nottingham,

---

[88]Rinaldo Comba, "La législation somptuaire d'Amédée VIII", em *Amédée VIII-Félix V, premier duc de Savoie et papa*, colóquio de Ripaille-Lausanne, 1990. B. Andenmatten e A. Paravicini Bagliani ed., Lausanne, 1992, pp. 191-200.

os utensílios de cozinha artísticos, as tapeçarias de Arras. Jacques Coeur, entre outros, comercia objetos de arte. Os grandes burgueses florentinos estabelecem concursos para a decoração das portas do batistério. Contra esse luxo exterior surge um certo vandalismo revolucionário. O caso mais espetacular foi sem dúvida o do dominicano Savonarola, em Florença.* A mesma ostentação, o mesmo gosto de produtos exóticos, raros e caros encontram-se na transformação, que está por se consumar nos séculos XIV e XV no domínio da alimentação, quando se passa da cozinha à gastronomia. Não são apenas as especiarias saboreadas pelos senhores da Idade Média, o novo luxo gastronômico insinua-se nas mais amplas camadas da sociedade. O fim da Idade Média é guloso e gasta para satisfazer essa gulodice. Entre os itens mais espetaculares desses novos gostos alimentares dispendiosos estão o açúcar e os cítricos mediterrâneos.

No meio desses novos setores de despesa nos séculos XIV e XV, é preciso citar a peregrinação à Terra Santa que, desde a reconquista da Palestina pelos muçulmanos, substitui a cruzada para os cristãos devotos. Um elemento frequentemente essencial do espírito de cruzada era o desejo de se apropriar pela guerra, tanto mais que se tratava de uma guerra santa, da terra e dos bens do próximo. A peregrinação se coloca numa perspectiva financeira exatamente inversa: gasta-se dinheiro. Eis o que escreve depois de sua romaria à Terra

---

*O caso é muito conhecido, mas não custa relembrá-lo. O dominicano Savonarola, que viveu e morreu na segunda metade do século XV, foi um pregador ardoroso que combatia o luxo e todas as vaidades. Excomungado pelo papa Alexandre VI, teve contra si o próprio povo de Florença, onde era prior do convento de São Marcos. Foi enforcado e depois seu cadáver foi queimado (1491). (N. do T.)

Santa o peregrino italiano Mariano da Sienna, em 1431: "Que não se faça peregrinação se não se tem dinheiro.[89] Aquele que a fizesse seria dividido em dois: ou seria preciso que os outros peregrinos pagassem por ele, ou ele teria que renegar nossa fé."

---

[89] O termo empregado é *denari*, denários. Sabe-se que era esse o termo mais frequentemente utilizado nos casos em que hoje dizemos dinheiro. Agradeço pela comunicação feita a mim dessa interessante historieta a minha amiga Christiane Klapisch-Zuber.

15. Capitalismo ou *caritas*?

Um ausente na Idade Média: o capitalismo

Três pensadores de alto nível propuseram, nos séculos XIX e XX, definições do capitalismo. Suas posições recentemente foram expostas em uma obra interessantíssima de Philippe Norel,[90] segundo o qual Braudel vê no capitalismo alguma coisa de diferente em relação à economia de mercado. O capitalismo nasceria do surgimento e da subida ao poder de um grupo de negociantes que se impuseram em particular para garantir o abastecimento das grandes cidades contra os constrangimentos por parte das autoridades políticas. Seria menos um sistema de organização econômica do que um estado de espírito, um conjunto de práticas a contornar regulamentações. Para Braudel, o fenômeno apareceu desde o século XII pelo menos nas cidades

---
[90] Ph. Norel, *L'Histoire économique globale*, Paris, Seuil, 2009.

da Itália e desde o século XIII em Paris. Tudo aquilo que expus neste ensaio mostra que não creio na realidade desse capitalismo medieval.

Para Marx, sempre segundo Norel, o capitalismo é um verdadeiro modo de produção. Impõe-se historicamente quando se instala a apropriação privada pela burguesia e pela nobreza dos modos de produção. Ainda para Marx, se a relação de produção capitalista nasce de modo progressivo do século XII ao século XV, o capitalismo só se impõe verdadeiramente nos séculos XVI e XVII. Essa concepção tem pelo menos para mim a vantagem de deixar a Idade Média fora do capitalismo. O terceiro pensador do capitalismo considerado por Norel é Max Weber, no início do século XX. Weber o define como uma organização da economia visando ao aproveitamento realizável pela constituição prévia de uma massa suficiente de capital. Max Weber vê esse sistema aparecer no século XVI e florescer até o século XIX. Sabe-se que Max Weber acrescenta neste caso um ponto de vista muito discutido: a influência que a Reforma protestante teria tido, senão no nascimento, pelo menos no desenvolvimento desse capitalismo. Aqui, ainda, o essencial para mim é que não se pode falar de capitalismo antes do século XVI. É preciso acrescentar a essas três concepções a do historiador americano, muito ligado a Braudel, Immanuel Wallerstein. Para este último, o capitalismo está ligado àquilo que Braudel chamava uma economia-mundo, e vê esse historiador a Europa se conectar com uma economia-mundo por volta de 1450, o que torna assim essa data como a do nascimento do capitalismo.

Quais são, aos meus olhos, os elementos constitutivos do capitalismo que não existem na Europa medieval? O primeiro é uma alimentação suficiente e regular seja de metais preciosos permitindo a fabricação de moeda, seja de papel-moeda, como já faziam os chineses. Ora, vimos que a Idade Média esteve muitas vezes à beira da fome monetária e isso ocorreu ainda no fim do século XV. Sabe-se que na concepção quase mística daquele eldorado para ele indiano e de fato americano, Cristóvão Colombo via entre outros e talvez em primeiro lugar o país do ouro que iria saciar o apetite da cristandade. É verdade que essa primeira exigência do capitalismo foi satisfeita depois do descobrimento da América e da transferência regular para a Europa de massas de metais preciosos, ouro e prata, cuja regulação se operava na Europa via Casa de Contratación de Sevilha no século XVI. Uma segunda condição para a instalação do capitalismo foi a formação — em lugar da multiplicidade de mercados que havia fragmentado o uso das moedas imperfeitamente regulado pelas feiras e pelos lombardos — de um único mercado que só se constituiu a partir do século XVI, de resto ainda não totalmente acabado, através de uma sucessão de mundializações. A terceira instituição decisiva, segundo minha visão, foi o surgimento de um organismo que não conseguira impor-se em Antuérpia no século XV e que afinal se estabeleceu em Amsterdam em 1609, a Bolsa.

Importância da caritas

Falaremos agora dos historiadores que negaram a existência de um capitalismo ou mesmo de um pré-capitalismo na Idade Média, concepção à qual me junto no essencial e que tende a considerar além disso a noção de valor na Idade Média. Penso que é preciso dar, nesse sistema, um lugar central à noção de *caritas*, e se se quer tentar definir um tipo de economia monetária medieval é, parece-me, no domínio da doação que é preciso buscá-lo.

Entre os medievalistas, na minha opinião foi Anita Guerreau-Jalabert que melhor explicou a importância da *caritas* e da doação na sociedade medieval ocidental.[91] Lembra ela que a sociedade ocidental medieval é dominada pela religião e pela Igreja, juntando-se assim à opinião de Polanyi, que chama a atenção para o fato de que não existe economia independente na Idade Média, mas imbricada num conjunto dominado pela religião. O dinheiro não é portanto na Idade Média ocidental uma entidade econômica: sua natureza e seu uso indicam outras concepções. Anita Guerreau-Jalabert recorda que o deus que domina a sociedade medieval, segundo a epístola de João (5, 4, 8 e 16), é *caritas* e, acrescenta a historiadora, "a caridade aparece como o ponto pelo qual se mede a qualidade do cristão. Agir contra a caridade é agir contra Deus, os pecados contra a caridade estão logicamente entre os mais graves." Compreende-se melhor como, nessa perspectiva, a prática na qual o dinheiro desempenha um papel essencial, a usura, é condenada como um dos pecados mais graves. Mas a historiadora também explica que a caridade não é

---

[91] "*Spiritus* et *caritas*. Le baptême dans la société médiévale", em F. Héritier-Augé, E. Copet-Rougier (sob a direção de ambos), *La Parenté spirituelle*, Paris, Ed. des Archives contemporaines, 1995, pp. 133-203. "*Caritas* y don en la sociedad medieval occidental", *Hispania. Revista española de historia*, 60/1/204, 2000, pp. 27-62.

apenas a virtude suprema para os cristãos. Ela é também "o valor social ocidental" supremo, e prova isso com citações de Pierre Lombard e de Tomás de Aquino. Não é tudo. A caridade engloba também o amor e a amizade. Para ela, se a amizade, o amor, a *caritas*, a paz existiam na Roma antiga e existem ainda entre nós, as realidades que envolviam essas palavras na Idade Média não são absolutamente as mesmas. Trata-se de "lógicas sociais diferentes", cada uma com a sua coerência. A *caritas* em geral e o dinheiro em particular, limitado na Idade Média à moeda, associam-se, aos olhos dos historiadores, dentro de um mesmo processo econômico. Insisto no seguinte: o erro dos historiadores modernos concernentes ao "dinheiro" na Idade Média vem do fato de que não atentam para o anacronismo. A *caritas* constitui a ligação social essencial entre o homem medieval e Deus, e entre todos os homens da Idade Média. Tomás de Aquino escreve e o repete muitas vezes: "A caridade é a mãe de todas as virtudes, na medida em que informa todas as virtudes" (*Suma Teológica*, 1-2 q.62, a.4).[92]

De que tipo de economia se trata? Anita Guerreau-Jalabert mostra de modo claro e convincente que se trata de uma espécie de economia da doação, e no modelo social do cristianismo "a doação por excelência é aquela do amor de Deus pelo Homem que põe a caridade nos corações". Não é portanto surpreendente que para a caridade, como tentei mostrar atrás, a esmola seja o ato essencial pelo qual se justifica na Idade Média o recurso eventual ao dinheiro.

---

[92] Ver Hélène Pétré, *Caritas. Étude sur le vocabulaire latin de la charité chrétienne*, Louvain, 1948.

Como a esmola passa em geral pela intermediação e controle da Igreja, vemos de novo a preponderância da Igreja no funcionamento da sociedade medieval, o que inclui o uso da moeda. A difusão da moeda na Idade Média vem, portanto, ampliar a doação. Jacques Chiffoleau[93] observa que no fim da Idade Média um crescimento das trocas de mercado e do uso da moeda é concomitante a um aumento das doações voluntárias que ultrapassam amplamente as antecipações fiscais operadas pelos poderes terrestres. Anita Guerreau-Jalabert retoma então a concepção de Polanyi e afirma que, em vez de falar em pensamento econômico, por exemplo, entre os escolásticos, coisa que não existe, é preciso englobar firmemente o comércio e a riqueza material "num sistema de valores sempre submetido à *caritas*".

Alain Guerreau por sua vez mostra com clareza[94] que essa mudança de ponto de vista em relação aos valores monetários tem a ver também com a fixação dos preços. O "preço justo", que responde à concepção da Igreja na matéria, tem três características. A primeira é que ele é definido localmente — é isso que diz, por exemplo, no século XIII o teólogo Alexandre de Halès. O preço justo é aquele que é habitualmente usado em um dado local. A segunda é o caráter estável, e ajustado ao bem comum, dos preços utilizados nas transações. É, como

---

[93] *La Comptabilité de l'au-delà. Les hommes, la mort et la religion dans la région d'Avignon à la fin du Moyen Âge (vers 1320-vers 1480)* [A Contabilidade do além. Os homens, a morte e a religião na região de Avignon no fim da Idade Média (cerca de 1320-cerca de 1480)], École française de Rome, 1980.
[94] "Avant le marché, les marchés en Europe, XIIIᵉ-XVIIIᵉ siècle, notes critiques" [Antes do mercado, os mercados na Europa, séculos de XIII a XVIII, notas críticas"], *Annales ESC*, 2001, pp. 1129-1175.

bem o diz Alain Guerreau, "exatamente o contrário daquilo que se entende habitualmente pela noção de concorrência e de livre jogo da oferta e da procura". A terceira é a referência à *caritas*. Alain Guerreau chama a atenção para o fato de que, entre todos os grandes teólogos do século XIII, Guillaume d'Auvergne, Boaventura e Tomás de Aquino, a noção de justo preço que reflete a *justicia* fundamenta-se como esta na *caritas*.*

Essas considerações juntas fazem com que, para a Idade Média e até o fim do século XV, seja impossível falar em capitalismo ou mesmo em pré-capitalismo. Só no século XVI haveria elementos que se reencontrariam no capitalismo: a abundância de metais preciosos chegados da América a partir do século XVI, o surgimento perene de uma Bolsa, ou seja, "de um mercado organizado no qual se fariam transações sobre os valores, mercadorias ou serviços", segundo o *Dictionnaire culturel*.[95]

Mas nesse mesmo dicionário Alain Rey nota a justo título: "Na Europa ocidental operou-se uma mutação aí pelo fim do século XVIII", e remete a uma citação esclarecedora do autor que floresceu no Século das Luzes [esse mesmo século XVIII] Guillaume-Thomas Raynal em sua *Histoire Philosophique*, 1770, III, 1. Significa que apesar das importantes inovações

---

*Chama a atenção a divergência entre as duas palavras em itálico: *caritas* mantém a sua forma do latim clássico com que vem sendo citada desde o início, mas o mesmo não acontece com *justicia*, cuja forma clássica seria *justitia*. Provavelmente porque *caritas* ainda manteria no latim medieval sua forma clássica, enquanto *justitia* já teria evoluído desta sua forma de latim clássico para uma forma medieval *justicia*, mãe de sua forma atual (fr. *justice*, port. *justiça*). (N. do T.)

[95] Na expressão entre aspas está a definição do termo "bolsa" no *Dictionnaire culturel*, Le Robert, 2005, tomo 1, p. 1056.

dos séculos XVI e XVII, como procurei mostrar de modo generalizado numa obra intitulada *Un long Moyen Âge*,[96] também se pode falar, no domínio daquilo que hoje chamamos de dinheiro, de uma longa Idade Média que dura até o século XVIII, época em que aparece também o conceito de economia.

Faço questão de esclarecer que, levadas às vezes ao extremo e até mesmo ao excesso, as ideias que acabo de enunciar e com as quais no essencial eu concordo estão num trabalho originalíssimo que fez correr muita tinta e é obra de um antropólogo espanhol contemporâneo, Bartolomé Clavero, editada em Milão em 1991 e em tradução francesa em Paris, 1996, com um prefácio que redigi.[97] O estudo de Clavero se refere aos séculos XVI-XVIII, mas comporta uma importante introdução consagrada à Idade Média. O ponto de partida da reflexão é a usura medieval. Para Clavero, todos os historiadores da usura medieval e de seu círculo teórico e prático ergueram suas premissas sobre pistas falsas. Partiram do mundo contemporâneo, de seus fenômenos, de suas concepções, de seu vocabulário e os transferiram para a Idade Média, na qual tudo isso era desconhecido, não funcionava, não explicava nada. Foram obnubilados pelo anacronismo, e em particular pela fascinação do capitalismo, que, ponto de chegada fatal do pensamento e da prática econômica,

---

[96]Paris, Tallandier, 2004. [Há tradução brasileira, *Uma longa Idade Média*, Rio de Janeiro, Civilização Brasileira, 2008, trad. de Marcos de Castro].
[97]A obra se intitula em espanhol *Antidora. Antropologia católica de la economia moderna*, e em francês *La Grâce du don. Anthropologie catholique de l'économie moderne* [A Graça da doação. Antropologia católica da economia moderna], Albin Michel, collection "L'Evolution de l'humanité".

devia ser o amante a atrair as atitudes medievais no campo disso a que chamamos economia. Clavero se apoia em alguns economistas, e essa é também a minha própria atitude, sobre Polanyi, mas também sobre Bernard Groethuysen, E.P. Thompson, parcialmente sobre Max Weber. Se para Clavero a economia não existe na Idade Média, o direito também não está em primeiro lugar em relação à ordem social. Antes dele estão a caridade, a amizade, isto é, a "benevolência mútua" e a justiça, mas a caridade precede a justiça. No mundo feudal o conceito de benefício é antes de tudo canônico, e com a evolução histórica se torna bancário, mas o banco na Idade Média não era, segundo Clavero, "mais do que uma prática de fronteira". A *antidora*, termo que em grego exprime o benefício, significa a "contraprestação", que vem da Bíblia e definiu as relações entre a sociedade humana e Deus. Clavero diz textualmente que "a economia não existe" e corrige "mas apenas uma economia da caridade". Nesse sistema, o único acontecimento que pode ser comparado aos atuais é a bancarrota, e na verdade a maior parte dos estabelecimentos chamados bancos na Idade Média faliu. Quanto ao dinheiro, ou antes, às moedas, "o numerário é posto a serviço da comunicação dos bens que é uma expressão da caridade". Para mim, sem dúvida o que há de mais interessante no estudo de Clavero é a condenação do maior número de nossos contemporâneos, aí incluídos os historiadores, que são incapazes de reconhecer os homens do passado como diferentes de nós. Uma lição essencial do estudo do dinheiro na Idade Média é o papel nefasto do anacronismo na historiografia.

Fiquei feliz de achar o essencial de minhas ideias nos trabalhos de um economista contemporâneo, que tenta demonstrar que "a Idade Média não poderia ser o ponto de partida do capitalismo", e acrescenta: "Foi apenas em 1609, na Holanda, que Stevin pediu o estabelecimento de um balanço: ele foi o primeiro economista a se preocupar com esse tipo de racionalização."[98]

---

[98] P. Norel, *L'Invention du marché. Une histoire économique de la mondialisation* [A invenção do mercado. Uma história econômica da mundialização], Paris, Seuil, 2004. Lembro que num livro muito recente, *L'Histoire économique globale*, que já utilizei para as definições do capitalismo, Philippe Norel acreditou poder determinar as primeiras formas do capitalismo agrícola na Inglaterra do século XVI, o que constituiria a base da industrialização pela qual o capitalismo desabrochará no século XVIII, no qual começará a aparecer aquilo que Marx chamou de "a acumulação primitiva do capital".

Conclusão

Segundo Karl Polanyi, a economia na sociedade ocidental só tem especificidade a partir do século XVIII. Para ele, até então a economia está embutida (*embedded*) naquilo que ele chama de labirinto das relações sociais.[99] Penso que essas palavras se aplicam às concepções da Idade Média, não dando lugar à noção de economia, a não ser no sentido de economia doméstica herdado de Aristóteles, e este ensaio se esforça para demonstrar que o mesmo se passa em relação ao dinheiro. O dinheiro, no sentido em que é empregado aqui, e que não designa o metal precioso, é difícil de definir. Albert Rigaudière, como indiquei desde a introdução, afirma com toda a propriedade que a noção de dinheiro, para quem dele quer dar uma definição, mantém-se sempre esquiva. Os principais dicionários testemunham essa dificuldade de dar uma definição precisa: "Toda espécie de moeda e por extensão o que essa moeda representa: capital, fundo, fortuna, numerário, pecúnia, receita, recurso, riqueza, sem contar numerosos termos familiares, como trigo, azedinha, massa..." (*Le Petit Robert*, edição de 2003).

---

[99] K. Polanyi e C. Arenberg, *Trade and Market in The Early Empires* [Comércio e mercado nos impérios primitivos]. Tradução francesa: *Les Systèmes économiques dans l'histoire et dans la théorie*, Paris, 1975, pp. 100-201.

Essa ausência da noção medieval de dinheiro deve ser situada em correlação com a ausência não apenas de um domínio econômico específico, mas de teses ou teorias econômicas, e os historiadores que atribuem um pensamento econômico a teólogos escolásticos ou às ordens mendicantes, particularmente aos franciscanos, cometem um anacronismo. De maneira geral, as pessoas da Idade Média, na maioria dos domínios da existência individual e coletiva, comportam-se de um modo que faz delas estranhas para nós e que constrangem o historiador atual a tornar mais claro seu trabalho à luz da antropologia. Esse "exotismo" da Idade Média dá-se particularmente no domínio do dinheiro. Para a ideia geral que fazemos hoje é preciso substituir a realidade, na Idade Média, de moedas múltiplas que, de fato, nesse período, conhecem um desenvolvimento considerável de cunhagem, de uso e de circulação. Dificilmente avaliamos a medida, à falta de fontes numéricas suficientes antes do século XIV, e frequentemente não sabemos se as moedas indicadas por uma fonte são moedas metálicas ou moedas de conta.

Esse desenvolvimento do dinheiro assim entendido, principalmente a partir do século XII, no decorrer daquilo que Marc Bloch chamava a segunda idade feudal, penetrou também as instituições e as práticas do que chamamos a feudalidade. Opor dinheiro e feudalidade não corresponde à realidade histórica. O desenvolvimento da moeda acompanhou a evolução do conjunto da vida social da Idade Média. Ligado às cidades, o dinheiro não circulou menos amplamente no campo. Beneficiou o impulso do comércio e foi uma das razões que explicam a importância assumida pelos italianos nesse domínio, que inclui também a Europa do Norte. O desenvolvimento do uso medieval do dinheiro

CONCLUSÃO

também está associado à constituição de administrações de principados e reinos, cuja necessidade de rendas levou ao estabelecimento mais ou menos bem-sucedido de um sistema de fiscalização pago em dinheiro. Se a presença do dinheiro cresceu na Idade Média sob a forma de uma multiplicação de moedas, isso só se deu tardiamente, a partir do século XIV, e de maneira limitada, pois o uso dessas moedas foi substituído por outras moedas de troca e de pagamento, tais como a letra de câmbio ou a renda. Além de tudo, mesmo que a prática como um todo tenha diminuído no fim da Idade Média, formas de entesouramento continuam a existir, não apenas sob a forma de lingotes, mas também e principalmente de tesouros e de peças de ourivesaria.

É claro também que, paralelamente a certa promoção social e espiritual do comerciante, o manuseio do dinheiro beneficiou uma evolução das ideias e das práticas da Igreja que, parece, quis ajudar os homens da Idade Média a salvaguardar ao mesmo tempo a bolsa e a vida, quer dizer, o enriquecimento terrestre e a salvação eterna. Como, mesmo na ausência de concepções específicas, um domínio como esse da economia existe fora da consciência que dele têm, ou antes não têm, os clérigos e os leigos, insisto em minha tendência para inscrever o uso do dinheiro na Idade Média em uma economia da doação, o dinheiro participando da subordinação geral dos humanos à graça de Deus. Quanto a isso, duas concepções parece que dominaram o uso do dinheiro na Idade Média, na prática terrestre: a busca da justiça, que aparece claramente na teoria do preço justo, e a exigência espiritual expressa pela *caritas*.

Sem dúvida, no correr da Idade Média, a Igreja foi levada a reabilitar os manipuladores de dinheiro sob certas condições e, no fim do século XIV e no século XV, no seio de uma elite restrita formada por aqueles a que chamamos os pré-humanistas, a riqueza e em particular a riqueza em dinheiro era motivo de honra. Por fim, o dinheiro, se deixou de ser maldito e caminho do inferno, continuou suspeito ao longo de toda a Idade Média. Pareceu-me uma imposição precisar, como já o fizeram muitos historiadores notórios, que o capitalismo não nasceu na Idade Média, e até mesmo que a Idade Média não foi um período pré-capitalista: a penúria de metais preciosos, a fragmentação dos mercados impediam a criação de condições para isso. Só no período que vai do século XVI ao XVIII produzir-se-á a "grande revolução" que Paolo Prodi[100] situa erradamente, como tentei demonstrar, na Idade Média. Na Idade Média o dinheiro, como também o poder econômico, não se emancipou do sistema global de valores da religião e da sociedade cristãs. A criatividade da Idade Média está em outros pontos.

---

[100] P. Prodi, *Settimo non rubare. Furto e mercato nella storia dell'Occidente* ("Sétimo mandamento: não roubar. Furto e mercado na história do Ocidente), Bolonha, 2009.

Bibliografia

Além das obras citadas em notas figuram aqui as que consultei diretamente para elaborar este ensaio.

W. ABEL, *Massenarmut und Hungerkrisen im vorindustriellen Deutschland*, Göttingen, 1972.

O. ANGHOLM, *Economics in the Medieval Schools: Wealth, Exchange, Value, Money and Usury According to the Paris Theological Tradition 1200-1350*, Leyde, 1992.

Archéologie des villages désertes: Dracy, Paris, 1970.

L'Argent au Moyen Âge, colóquio de 1997, Publications de la Sorbonne, Paris, 1998.

M.-C. BAILLY-MAÎTRE, *L'Argent. Du minerai au pouvoir dans la France médiévale*, Paris, 2002.

J. BASCHET, *La civilisation féodale. De l'an mil à la colonisation de l'Amérique*, Paris, 2004.

J. BELAUBRE, B. COLLIN, *Les Monnaies de France. Histoire d'un peuple*, Paris, 1992.

N. BÉRIOU, "L'esprit de lucre entre vice et vertu: variations sur l'amour de l'argent dans la prédication du XIIIe siècle", em *L'Argent au Moyen Âge*, Publications de la Sorbonne, Paris, 1992, pp. 267-287.

N. BÉRIOU e J. CHIFFOLEAU, *Économie et religion. L'Experience des ordres mendiants (XIIIe-Xv^e siècles)*, Lyon, 2009.

J. BERNARDO, *Poder e dinheiro. Do poder pessoal ao Estado impessoal no regime senhorial. Séculos V-XV*, três volumes, 1995-2002.

W. BEVERIDGE, *Prices and Wages in England from the Twelfth to the Nineteenth Century*, Londres, 1939.

T.M. BISSON, *Conservation of Coinage: Monetary Exploitation and its Restraint in France, Catalonia and Aragon (c.A.D. 1000-c. 1225)*, Oxford, 1979.

M. BLOCH, "Économie-nature ou économie-argent, un faux dilème", *Annales d'histoire sociale*, 1939, vol. I, pp. 7-16

_____, *Esquisse d'une histoire monétaire de l'Europe*, Paris, 1954.

_____, "Le problème de l'or au Moyen Âge", *Annales d'histoire économique et sociale*, 5, 1933, pp. 1-34.

M. BOMPAIRE e F. DUMAS, *Numismatique médiévale*, Turnhout, 2000.

R. BORDONE e F. SPINELLI (dir.), *Lombardi in Europa nel Medioevo*, Milão, 2005.

G. BOSCHIERI e B. MOLINA, *Politiche del credito. Investimento, consumo, solidarietà*, Asti, 2004.

A. BOUREAU e S. PIRON (dir.), *Pierre de Jean Olivi, pensée scolastique, dissidence spirituelle et société*, Paris, 2000.

M. BOURIN e P. MARTÍNEZ SOPENA (dir.), *Pour une anthropologie du prélèvement seigneurial dans les campagnes de l'Occident médiéval. Les mots, les temps, les lieux*, Paris, 2007.

F. BRAUDEL, *Civilisation matérielle et capitalisme (XVe-XVIIIe siècle)*, Paris, 1979.

Ph. BRAUNSTEIN, *Travail et enterprise au Moyen Âge*, Bruxelas, 2003.

E. BRIDREY, *La Théorie de la monnaie au XIVe siècle. Nicolas Oresme*, Caen, 1906.

R.H. BRITNELL, *The Commercialization of English Society (1000-1500)*, Cambridge, 1993.

E. BROWN, *Customary Aids and Royal Finance in Capetian France. The Marriage Aid of Philippe the Fair*, Cambridge (Mass.), 1992.

J. CHIFFOLEAU, *La Comptabilité de l'au-delà. Les hommes, la mort et la religion dans la région d'Avignon à la fin du Moyen Âge (vers 1320-vers 1480)*, École française de Rome, 1980.

C.M. CIPOLLA, *Money, Prices and Civilization in the Mediterranean World. Fifth to Seventeenth Centuries*, Princeton, 1956.

J. CLAUSTRE (org.), *La Dette et le Juge. Juridiction gracieuse et juridiction contentieuse du XIIIe au XVe siècle*, Paris, 2002.

B. CLAVERO, *Antidora. Antropologia católica de la economia moderna*, Milão, 1991; tradução francesa: *La Grâce du don. Anthropologie catholique de l'économie moderne*, Paris, 1996.

P. CONTAMINEW, M. BOMPAIRE, S. LEBECQ e J.-L. SARRAZIN, *L'Économie médiévale*, Paris, terceira edição, 2003.

The Dawn of Modern Banking, Center for Medieval and Renaissance Studies, New Haven e Londres, 1979.

J. DAY, *Études d'histoire monétaire*, Lille, 1986.

―――, "The Great Bullion Famine of the Fifteenth Century", *Past and Present* 79, maio de 1978.

―――, *Monnaies et marchés au Moyen Âge*, Paris, 1994.

B. DEL BO, "Elite bancaria a Milano a metà Quattrocento: prime note", em *Cuaderni/Cahiers del Centro di studi sui Lombardi, sul credito e sulla banca*, 1, 2007, p. 173.

J. DEMADE, *Ponction féodale et société rurale en Allemagne du Sud (XIe-XVIe siècle). Essai sur la fonction des transactions monétaires dans les économies non capitalistes*, thèse de l'université Marc-Bloch (Strasbourg II), 2004.

R. DE ROOVER, *Money, Banking and Credit in Mediaeval Bruges*, Cambridge (Mass.), 1948.

_____, *L'Evolution de la lettre de change*, Paris, 1953.

_____, *The Rise and decline of the Medici Bank (1397-1494)*, Cambridge (Mass.), 1963.

J. DUPLESSY, "La circulation des monnaies arabes en Europe occidentale du VIIIe au XIIIe siècle", *Revue numismatique* 18 (1956), pp. 101-164.

J. FAVIER, *Les Finances pontificales à l'époque du grand schisme de l'Occident, 1378-1409*, Paris, 1966.

_____, *De l'or et des épices. Naissance de l'homme d'affaires au Moyen Âge*, Paris, 1987.

L. FELLER, C. WICKHAM (dir.), *Le Marché de la terre au Moyen Âge*, École française de Rome, 2005.

R. FOSSIER, *Histoire sociale de l'Occident médiéval*, Paris, 1970.

_____, *La Société médiévale*, Paris, 1991.

_____, *La Terre et les hommes en Picardie jusqu'à la fin du XIIIe siècle*, Paris-Louvain, 1968.

G. FOURQUIN, *Histoire économique de l'Occident médiéval*, Paris, 1969.

C. FRUGONI, *L'Affare migliore di Enrico: Giotto e la cappella Scrovagni*, Turim, 2008.

B. GEREMEK, *Le Salariat dans l'artisanat parisien aux XIIe-XVe siècles*, Paris, 1969.

F. GRAUS, "La crise monétaire du XIVe siècle", *Revue belge de philologie et d'histoire*, 29, 1951, pp. 445-454.

P. GRIERSON, *Monnaies du Moyen Âge*, Freiburg, 1976.

A. GUERREAU, "Avant le marché, les marchés: en Europe, XIIIe-XVIIIe siècles, notes critiques", *Annales ESC*, 2001, pp. 1129-1175.

A. GUERREAU-JALABERT, "*Caritas* y don en la sociedad medieval occidental", *Hispania, Revista Española de Historia*, 60/1/204, 2000, pp. 27-62.

_____, "*Spiritus et caritas*. Le baptême dans la société médiévale", em F. Héritier-Augé, E. Copet-Rougier (dir.), *La Parenté Spirituelle*, Paris, 1995, pp. 133-203.

J. IBANÈS, *La Doctrine de l'Eglise et les réalités économiques au XIIIe siècle*, Paris, 1967.

J.S. JENSEN (ed.), *Coinage and Monetary Circulation in the Baltic Area*, Copenhague, 1981.

F.C. LANE, R. MÜLLER, *Money and Banking in Medieval and Renaissance Venice*, I, Baltimore, 1985.

C. de LA RONCIÈRE, *Un changeur florentin du Trecento: Lippo di Fede del Sega (vers 1285-vers 1363)*, Paris, 1973.

J. LE GOFF, *La Bourse et la Vie. Économie et religion au Moyen Âge*, Paris, 1986.

_____, *Marchands et banquiers du Moyen Âge*, Paris, 1956.

L.K. LITTLE, *Religious Poverty and the Profit Economy in Medieval Europe*, Londres, 1978.

M. LOMBARD, "Les bases monétaires d'une suprématie économique: l'or musulman du VIIe au XIe siècle", *Annales, ESC*, 1947, pp. 143-160.

R.S. LOPEZ, "Settecento anni fà: il retorno all'oro nell'Occidente duecentesco", *Rivista storica italiana*, 65, 1952, pp. 19-55 e 161-198.

F. LOT, R. FAWTIER, *Le Premier Budget de la monarchie français. Le compte général de 1202-1203*, Paris, 1932.

F. MELIS, *Storia della ragioneria*, Bolonha, 1950.

H.A. MISKIMIN, *Money Prices and Foreign Exchange in Fourteenth Century France*, Newhaven, 1963.

H. MIYAMATSU, *La Naissance du riche*, Mercuès, 2006.

M. MOLLAT, *Les Pauvres au Moyen Âge*, Paris, 1978.

_____, "Usure et hérésie: les 'Cahorsins' chez eux", em *Studi in memoria di Federico Melis*, Nápoles, 1978, vol. 1, pp. 269-278.

A. MURRAY, *Reason and Society in the Middle Age*, Oxford, 1978.

G. NAHON, "Le Crédit et les Juifs dans la France du XIIIe siècle", *Annales ESC*, 1969, pp. 1121-1144.

P. NOREL, *L'Histoire économique globale*, Paris, 2009.

_____, *L'Invention du marché. Une histoire économique de la mondialisation*, Paris, 2004.

L'Or au Moyen Âge, colóquio du CUER-MA, Marselha, 1983.

N. ORESME, *De moneta*, tradução em inglês do latim por Ch. Johnson, Londres, 1956.

Y. OTAKA, "La valeur monétaire d'après les oeuvres arthuriennes", em *Temps et histoire dans le roman arthurien*, estudos reunidos por J.-C. Faucon, Toulouse, 1999.

K. POLANYI e C. ARENBERG, *Trade and Market in the Early Empires*, tradução francesa: *Les Systèmes économiques dans l'histoire et dans la théorie*, Paris, 1975.

M.M. POSTAN (ed.), *The Cambridge Economic History of Europe*, vol. II, *Trade and Industry in the Middle Ages*,

1952; vol. III, *Economic Organization and Policies in the Middle Ages*, 1963.

_____, "The Rise of a Money Economy", *The Economic History Review* 17 (1944), pp. 123-134.

Y. RENOUARD, *Les Hommes d'affaires italiens du Moyen Âge*, Paris, 1949.

_____, *Les Relations des papes d'Avignon et des compagnies commerciales et bancaires de 1316 à 1378*, Paris, 1941.

M. REY, *Les Finances royales sous Charles VI. Les causes du déficit*, Paris, 1965.

A. SAPORI, *Le Marchand italien au Moyen Âge*, Paris, 1952.

J.-C. SCHMITT, "L'Église médiévale et l'argent", *Journal des Caisses d'épargne*, 3, mai-juin 1986.

P. SPUFFORD, *Money and its Use in Medieval Europe*, Cambridge, 1988.

S. SUCHODOLSKI, "Les débuts du monnayage en Pologne", em *Revue suisse de numismatique*, vol. 51, 1972, pp. 131-135.

M.J. TITS-DIEUAIDE, *La Formation des prix céréaliers en Brabant et en Flandre au XVe siècle*, Bruxelas, 1975.

G. TODESCHINI, *I Mercanti et il Tempio. La società cristiana e il circolo virtuoso della ricchezza fra Medioevo e età moderno*, Bolonha, 2002.

_____, *Richesse franciscaine. De la pauvreté volontaire à la société de Marché*, Paris, 2008.

A. VAUCHEZ, "*Homo mercator vix aut numquam potest Deo placere*: quelques réflexions sur l'attitude des milieux ecclésiastiques face aux nouvelles forme de l'activité économique au XIIe et au début du XIIIe siècle", em *Le Marchand au Moyen Âge*, SHMES, Paris, 1992, pp. 211-217.

I.P. WEI, "Intellectuals and money: Parisian disputations about annuities in the thirteenth century", em *Bulletin of the John Rylands University of Manchester*, volume 83, n° 3, 2001, pp. 71-94.

P. WOLFF, *Automne du Moyen Âge ou printemps des temps nouveau? L'économie européenne aux XIVe et XVe siècles*, Paris, 1986.

Índice onomástico

Acciajuoli, banqueiros, 141
Aelfric, monge, 27
Afonso VIII, rei de Castela, 73
Afonso de Poitiers, 51, 75
Agostinho, santo, 41, 128
Alberti, Leon Baptiste, 235
Alberto Magno, 42, 43, 65, 125
Alexandre de Halès, 248
Alpert, monge, 27
Amadeu VIII, conde da Saboia e, como "Amédée VIII", 239, 240
Ammanati, banqueiros, 140
Amauri I, visconde de Narbonne, 48
Ambrósio, santo, 208
Aristóteles, 43, 111

Baldwin, John, historiador, 136
Barbaro, Francesco, 234
Barberi, Ghuiglielmo, 165
Bardi, 68, 141, 151, 171, 196
Baschet, Jérôme, historiador, 195, 197
Benoit, P., 39

Bento XII, papa, 189
Bériou, Nicole, historiador, 121, 129, 136, 224, 233
Berlioz, Jacques, historiador, 47
Bernardo, santo, 112
Bernardo, João, historiador, 120
Bertrand de L'Isle-Jourdain, bispo de Toulouse, 50
Bloch, Marc, historiador, 19, 21, 23, 82, 95, 121, 147, 237, 254
Bocácio, 234
Boleslas, o Valente, rei da Polônia, 27
Bompaire, Marc, historiador, 79
Boaventura, santo, 249
Bonifácio VIII, papa, 184
Bonsignori, família de banqueiros, 141
Boone, Marc, historiador, 182
Boucheron, Patrick, historiador, 55
Burguês de Paris, anônimo, dito o, 207, 210
Bourin, Monique, historiadora, 213
Bracciolini, Poggio, 235

Braudel, Fernand, historiador, 41, 243, 244
Bresc, Henri, historiador, 202
Brunelleschi, Filippo, 235
Bruni, Leonardo, 234, 236

Caboche, Si'mon, dito, 156, 192
Caille, Jacqueline, historiadora, 46, 47
Calvino, João, 240
Carcano, Michele, 223
Carlos de Borgonha, dito o Temerário, 211
Carlos Magno, 23, 25, 73
Carlos Quinto, 196
Carlos IV, o Belo, rei da França, 145
Carlos V, rei da França, 87, 154, 191, 192, 202, 203
Carlos VI, rei da França, 192
Carlos VII, rei da França, 192, 196
Carlos VIII, rei da França, 203
Cesário de Heisterbach, 119
Charles d'Anjou (irmão de São Luís), 72, 77, 80
Charles de Valois, 72
Chastellain, Georges, 207
Chayanov, Alexandre, historiador, 213, 216
Chiarenti, família de banqueiros, 91, 140
Chiffoleau, Jacques, historiador, 224, 225, 226
Chrétien de Troyes, 38
Clavero, Bartolomé, historiador, 250, 251

Clemente V, papa, 154, 184, 185
Clemente VI, papa, 150, 186, 189
Coeur, Jacques, 173, 191, 196, 241
Colombo, Cristóvão, 245
Constantino, imperador, 11
Contamine, Philippe, historiador, 197

Dandolo, Enrico, doge de Veneza, 81
Dante Alighieri, 14, 127
Datini da Prato, Francesco di Marco, 165
Datini (casa), 166
Demade, Julien, historiador, 198
De Roover, Raymond, historiador, 46, 164
Dubois, Henri, historiador, 179, 180
Duby, Georges, historiador, 86, 216
Dumézil, Georges, antropólogo, 116

Eco, Umberto, 237
Eduardo I, 71, 77
Eduardo III, 150, 151, 152, 196
Eduardo IV, 211
Erlande-Brandenburg, Alain, historiador, 52
Espinas, Georges, historiador, 60
Etienne Boileau, 137
Etienne de Bourbon, 116, 117
Etienne Marcel, 156
Eudes Rigaud, arcebispo de Rouen, 52

ÍNDICE ONOMÁSTICO

Favier, Jean, historiador, 184, 185, 186, 188, 189, 191
Fawtier, Robert, historiador, 101, 193
Feller, Laurent, historiador, 199, 212, 214
Fibonacci, Leonardo, 12
Filipe II Augusto, rei da França, 35, 52, 75, 85, 93, 96, 99, 157
Filipe II, rei da Espanha, 196
Filipe III, o Ousado, rei da França, 56
Filipe IV, o Belo, rei da França, 68, 71, 86, 94, 143, 145, 148, 149, 160, 191, 202
Filipe V, o Longo, rei da França, 93, 145
Filipe VI de Valois, rei da França, 145, 150
Filipe, o Bom, duque de Borgonha, 183, 207
Fourmelles, Simon de, 183
Fournial, Etienne, historiador, 25, 95, 153, 154
Francisco de Assis, santo, 11, 32, 131, 220
Francisco II, 196
Frederico Barba-Roxa, imperador, 79
Frederico II, imperador, 72, 80
Frederico III, imperador, 211
Fugger, família de banqueiros, 196

Genet, Jean-Philippe, historiador, 92

Geoffroy d'Eu, bispo de Amiens, 49
Geoffroy de Vendôme, monge, 130
Geremek, Bronislav, historiador, 34, 56, 200
Gervais de Mont-Saint-Eloi, 126
Gilbert de Lessines, 125, 134
Gilli, Patrick, historiador, 234, 236
Giordano de Pisa, 235
Giorgi, Andrea, historiador, 235
Giotto di Bondone, 126, 127
Giovanni di Mirabello, dito Van Haelen, 145
Godefroy de Fontaines, 126
Graciano, canonista, 109, 233
Graus, Frantisek, historiador, 131
Gregório X, papa, 91
Gregório XI, 190
Guerreau, Alain, historiador, 81, 124, 167, 213, 228, 249
Guerreau-Jalabert, Anita, historiadora, 246, 247, 248
Guillaume d'Aigrefeuille, 189
Guillaume d'Auvergne, 249
Guillemain, Bernard, historiador, 184
Guy de Dampierre, conde de Flandres, 56

Habsburgo, família de imperadores, 196
Henri de Suse, 136
Henrique II Plantageneta, 52, 92, 143, 157

Henrique III, rei da Inglaterra, 72, 81
Henrique VI, rei da Inglaterra e da França, 192
Henrique, o Navegador, 205
Homebon, santo, 32, 134, 232
Honorius Augustodunensis, 227
Houdée la Plâtrière, 62
Huizinga, Johan, historiador, 195
Humbert, F., historiador, 179

Ibanès, Jean, historiador, 110, 136
Ibn Battuta, 152
Ibn Khaldun, 152
Inocêncio III, papa, 90, 157, 185
Inocêncio IV, 188
Inocêncio VI, 190
Isabel da França, rainha da Inglaterra, 267
Isidoro de Sevilha, 24, 102

Jacques de Vitry, 114, 115, 116, 119
Jean de Gand, duque de Lancaster, 126, 206
Jean de Gand, teólogo, 126
Jean de Joinville, 114
Jean de Paris, cônego, 49
João de Luxemburgo, rei da Boêmia, 151
João de Salisbury, 92, 143
João II, o Bom, 152, 153, 154, 191, 202, 206
Joana de Champagne, 68
João-Sem-Medo, duque de Borgonha, 183

João-Sem-Terra, rei da Inglaterra, 72, 86
João XXII, papa, 71, 78, 185, 189
Jehan Boinebroke, 60
Jesus Cristo, 11, 13, 14, 32, 130, 131, 219
Judas Iscariotes, 14

Kraus, Henry, historiador, 48, 49, 51, 237
Kula, Witold, historiador, 217
Kusman D., historiador, 145

Labrot, Jacques, 146
Leão I, papa, o Grande, 111
Leão X, papa, 224
Leovigildo, rei dos visigodos, 20
Little, Lester K., historiador, 43, 129, 130, 131
Liutprando, rei dos Lombardos, 20
Lombard, Maurice, historiador, 17
Lopez, Roberto S. (no texto original consta como "Robert" na primeira citação), historiador, 34, 35, 56
Lorenzetti, Ambrogio, 177
Lot, Ferdinand, historiador, 101
Luís VII, rei da França, 96, 97
Luís VIII, rei da França, 52, 93
Lutero, Martinho, 91

Mariano da Sienna, 242
Marie la Platrière, 62
Martini, Francesco di Marco, 165
Marx, Karl, 244, 252

Matthieu d'Acquasparta, 126
Maurice de Sully, bispo de Paris, 49
Mauss, Marcel, etnólogo, 119
Maximiliano, imperador, 196
Médicis, companhia dos, 17, 172
Médicis, Cosme de, 173, 234
Médicis, Giovanni di Bicci de, 238
Médicis, Lorenzo (ou Lourenço, o Magnífico) de, 173, 238
Menant, François, historiador, 212, 215
Mendras, Henri, economista, 214
Mesco I, rei da Polônia, 27
Meuvret, Jean, historiador, 210
Miyamatsu, Hironori, historiador, 28
Mohamed bem Saad, emir, 73
Michel Mollat, historiador, 43, 173, 174
Monnet, Pierre, historiador, 181, 182
Moscadelli, Stefano, historiador, 53

Neveux, Hugues, historiador, 197
Nicole Oresme, 153
Norel, Philippe, economista, 243, 244

Ofa, rei da Mércia, 20
Otto de Meissen, margrave, 63
Óton I, imperador, 26
Oto IV, imperador, 72

Pacioli, Luca, 12
Pastoureau, Michel, historiador, 115
Pegolotti, Francesco, 67, 68
Pepino, o Breve, 23
Peruzzi, banqueiros, 141, 151, 171
Pesez, Jean-Marie, historiador, 39
Petit-Dutaillis, Charles, historiador, 54
Philippe de Beaumanoir, 59
Pierre de Jean Olivi, 132, 134, 222
Pierre Lombard, 247
Pirenne, Henri, historiador, 17
Piron, Sylvain, historiador, 124, 132
Polanyi, Kark, historiador, 213, 221, 222, 228, 246, 248, 251, 253
Prodi, Paolo, historiador, 222

Raymond de Penafort, 124
Raynal, Guillaume-Thomas, 249
Renouard, Yves, historiador, 60, 184
Riccardi, banqueiros, 140
Ricardo Coração de Leão, rei da Inglaterra, 86
Richard de Middleton, 126
Richard Fitzneal, 92
Rigaudière, Albert, historiador, 10, 253
Rosenwein, Barbara, historiadora, 215
Rotário, rei dos lombardos, 20

São Luís, rei da França (Luís IX), 51, 52, 69, 72, 77, 78, 80, 81, 86, 91, 93, 94, 95, 97, 98, 101, 102, 110, 114, 137, 153

Sapori, Armando, historiador, 60, 140, 172

Savonarola, Jerônimo, 241

Scarcia, Giulia, historiadora, 169, 170

Scrovegni, Enrico, 126, 225

Scrovegni, família, 126

Sêneca, 234

Simon Matiffas de Buci, bispo de Paris, 49

Sombart, Werner, historiador, 57

Spufford, Peter, historiador, 41, 63, 67, 150, 155, 205

Teodorico, rei dos ostrogodos, 20

Thierry I, rei da Austrásia, 21

Thomas de Chobham, 112

Tiago I, rei de Chipre, 206

Todeschini, Giacomo, historiador, 131, 132, 222, 228

Tomás de Aquino, santo, 43, 110, 234, 235, 247, 249

Tucci, Ugo, historiador, 161

Urbano IV, papa, 91

Urbano V, papa, 190

Utenhove, família, 183

Van Artevelde, Jacó e Filipe (pai e filho), 156

Vauchez, André, historiador, 232

Villani, Giovanni, 150

Villon, François, 204

Wallerstein, Immanuel, historiador, 244

Weber, Max, sociólogo, 224, 225, 226, 244, 251

Wickham, Chris, historiador, 212, 216

Ysabel la Plâtrière, 62

Zibaldone da Canal, 67

*O texto deste livro foi composto em Sabon,
desenho tipográfico de Jan Tschichold de 1964
baseado nos estudos de Claude Garamond e
Jacques Sabon no século XVI, em corpo 11/15.
Para títulos e destaques, foi utilizada a tipografia
Frutiger, desenhada por Adrian Frutiger em 1975.*

*A impressão se deu sobre papel off-white
pelo Sistema Digital Instant Duplex da Divisão
Gráfica da Distribuidora Record.*